U1008692

THE ART OF COMMUNICATION AND WISDOM OF LIFE

【美】戴尔·卡耐基◎著
王红星◎编译

卡耐基沟通的艺术与处世智慧

中国华侨出版社

图书在版编目（CIP）数据

卡耐基沟通的艺术与处世智慧 /（美）戴尔·卡耐基（Carnegie，D.）著；王红星编译. —北京：中国华侨出版社，2012.6

ISBN 978-7-5113-2337-8

I. ①卡… II. ①卡…②王… III. ①心理交往－通俗读物 IV. ①C912.1-49

中国版本图书馆CIP数据核字（2012）第078994号

• 卡耐基沟通的艺术与处世智慧

著　　者 /（美）戴尔·卡耐基（Carnegie，D.）

译　　者 / 王红星

责任编辑 / 文　筝

责任校对 / 孙　丽

经　　销 / 新华书店

开　　本 / 787×1092毫米　16开　印张 / 17　字数 / 200千

印　　刷 / 唐山市铭诚印刷有限公司

版　　次 / 2012年7月第1版　2021年2月第13次印刷

书　　号 / ISBN 978-7-5113-2337-8

定　　价 / 32.00元

中国华侨出版社　北京市朝阳区西坝河东里77号楼底商5号　邮　编：100028

法律顾问：陈鹰律师事务所

编辑部：（010）64443056　传真：（010）64439708

发行部：（010）64443051

网　址：www.oveaschin.com

E-mail：oveaschin@sina.com

序言
Preface

20世纪的前35年，美国出版界出版了超过20万册的书籍，其中大部分相当枯燥，而且销售形势也很不好。一家闻名全球的大出版社经理向我承认，他的出版社虽然已有75年的历史和出版经验，但所出版的书籍，8本之中，仍有7本是赔钱的。

既然如此，我还有勇气写出一本书来吗？就算我写了，你又为什么要费心读它呢？

这是一个好问题！那么，我就想办法来回答它吧。

我想，先从我的经历说起。在我上大学期间，我发现那些名望最高的人都是那些足球或棒球运动员，此外一些人则是辩论和演讲比赛中获奖的人。我很悲观，知道自己没有体育天赋，于是，我开始寻找新的突破点来达成自己的目标。我决心在演讲方面出人头地，为此我做了好几个月的准备，在马背上练习，连挤牛奶时也不放弃。尽管我认为自己为此做了充分的准备，但起初的那段时间，我还是接连遭受失败。但是，我坚持了下来，并在后来出现了转变——我开始在演讲中获得了些许胜利。这是好的开始，在往后的演讲比赛中，我几乎每次都能赢得对手，包括那些曾经指导过我的同学。

大学毕业后，我开始给一些成人大学上函授课。虽然投入了大量的激情和活力在工作中，事业却没有丝毫进展。虽然有些失望，但是我没有放弃。曾经的锻炼让我懂得如何坚守自己的信念。就这样，我历经周折，并从事过推销员、演员、作家等各种工作来维持生活。后来，回顾过去，我发掘自身的优点和优势，并竭尽全力说服了纽约青年基督教协会，让我为当地的商业界人士开设一门演讲课。

在教学的初期，我只开设有关演讲的课程——那些都是专为成人设立的，我采用实践的经验，使他们能够有敏捷的思考力，并能表达自己的意念，使他们无论在生意面谈或是群众面前的演讲，都可以表达得更清楚、更有力，也更详细、周全。但后来，我发现这些人不仅在讲话技巧上急需训练，而且在每天的生意或者社交场合中，如何与人相处更是迫切需要琢磨的艺术。而我自己，也同样需要这方面的训练。就这样，我开发了一种特殊的训练方法——一种集演讲术、推销术、人际关系以及实用的心理学的惊人混合。它不受死板的规则所拘束，而且非常实用和有趣。每次课程结束后，班中的人还会自己组织一个俱乐部，每2周集会一次，这样持续了多年，还常有人驾车疾驰50里或100里来上课。

我的课程获得了成功，而且规模越开越大，我也渐渐有了名气，并当起了巡回演讲训练导师，经常来往穿梭于纽约、费城、巴尔的摩之间，后来又到了伦敦和巴黎。回顾往事，我缺乏理解和技巧的情形，实在令人吃惊。我多么希望自己在早年能够拥有这么一本书，那将是多么无价的荣幸！

哈佛大学著名心理学家与哲学家威廉·詹姆斯教授认为，普通人只开发了蕴藏于自己体内1/10的能力，而我的课程正是发掘每个人身上蕴藏的才能。要知道，每个人都是语言天才。任何人一旦生气之后，就会言辞巧捷，变得很会说话。即使一个最笨嘴笨舌的人在被别人打倒后，他也会立即站起来与你理论，而且一点都不亚于第一流的演讲家。因此，只要拥有自信，内心有表达的冲动的话，那么你也一定会说得十分动人。

告诉更多的人如何开发原本拥有，但却不曾利用的潜能——这正是我写作本书的目的。只要阅读过这本书中的几章后，你就会觉得开口说话、处理好身边的人际关系已经不再是你头疼的问题，你也可以轻松应对和化解生活中的各种窘困状况。这是一本教人行动的书，而并非传授知识。阅读此书，你将会从中获益匪浅。

好了，这篇序言有些长了，那么，我们现在开始吧，让我们立刻言归正传。

戴尔·卡耐基

目录 CONTENTS

卡耐基沟通的艺术与处世智慧

上篇·赢得友谊的沟通艺术

第一章 拥有好口才的八个原则

第二章
成为沟通高手的六项修炼

第三章
让别人赞同你的八个完美沟通技巧

第四章
完善说话风格和个性的六个技巧

下篇·影响他人的处世智慧

第五章 与人相处的九个基本原则

第六章 游刃职场的社交技巧

第七章 家庭和谐的相处技巧

THE ART OF
COMMUNICATION AND
WISDOM OF LIFE

上篇·赢得友谊的沟通艺术

第一章
拥有好口才的八个原则

第一个原则：克服当众说话的恐惧心理

卡耐基的忠告： 如果一个成年人能改变自己的心态，那么他就能改变自己的性格。

20世纪初，心理学家和哲学家断言，普通人只用了全部潜力的极小的一部分。与我们应该成为的人相比，我们只苏醒了一半；我们的热情受到打击，我们的蓝图没有展开，我们只运用了我们头脑和身体资源中的极小的一部分。这是什么原因造成的呢？其实这就是人的恐惧心理。人的恐惧心理是很可怕的，所以，我常对自己的学员说："你要假设听众都欠你的钱，正苦苦哀求你多宽限几天；而你就是神气的债主，根本不用畏惧他们。"

1912年，"泰坦尼克号"巨型海轮沉没在北大西洋冰海。正是在那一年，我开始教授当众说话这门课程，我当时的任务是为纽约基督教青年会夜校讲授"公开演讲"课。那段经历对我来说是非常宝贵的，因为它使我积累了丰富的关于说话的知识，并促成了我的口才培训班的诞生。

在纽约为商业界和专业人员开班时，我逐渐了解到，学员们不仅需要在说话方面受到训练，还迫切需要掌握日常商务和社交中与人交流的艺术。因为人们除了渴望健康以外，最需要的便是改善人际关系，学会为人处世的艺术，而这一切又都是以说话为前提和手段的。于是，我决定在这方面进行深入的研究，并因此最终总结出一套比较全面实用的课程，这是很有意义的事情。“沉默是金”的谚语，应随时代的变迁而重新评估，因为如何发挥语言的魅力，决定了现代人能否由沟通走向成功。

在潜意识里拒绝与人交流或者害怕当众说话，并不是某一个人独自具有的心理，大多数人都是这样，只不过程度不同而已。除了训练班的成员，对大学生我也进行过调查，80%~90%的学生都产生过不敢当众说话的恐惧感和与人交流的畏难情绪。

这好像是在说“恐惧交流”是人天生就具备的。的确如此，它是人与生俱来的一个弱点，并且和人的性格有很大的关系。心理学家认为，性格是一个人的行为表现较为稳定的基本特征。性格具有稳定性，也就是说，一个人的性格在一定的教育和环境的影响下形成后，是难以改变的，所以才会有“江山易改，本性难移”的说法。

有关专家曾对亚利桑那州的一对大学生孪生姐妹进行过观察研究。这对双胞胎姐妹外貌相似，先天遗传素质完全相同，家庭生活和所受教育的情况也相同。虽然这对姐妹一直在同一个小学、中学和大学接受教育，然而在遗传、教育和环境如此相同的情况下，姐妹俩的性格却很不相同：姐姐善于说话与交际，自信主动，果断勇敢；而妹妹却相反，缺乏独立自主意识，说话办事总是随同姐姐。有关专家找她们交谈时，也都是姐姐先回答，而妹妹只是表示赞同，不爱说话，或仅仅是稍作补充。总之，姐妹俩的性格完全不同。

这是为什么呢？原来父母在她俩中认定一个是姐姐，另一个是妹妹，从小就交代姐姐照管妹妹，对妹妹负责，做好妹妹的榜样，带头执行长辈委派的任务。这样一来，姐姐从小就形成了独立、自主、善交际、较果断的性格，而妹妹却养成了遵从姐姐的习惯。

这说明人的性格是长期所接受的教育和环境的影响而形成的，但这并不适用于成年人。对于成年人来说，性格实际上是由心理状态决定的。也就是说，如果一个成年人能改变自己的心态，那么他就能改变自己的性格。

正像如何提高当众说话的能力一样，日常生活中的任何沟通交流都需要人们克服畏惧、建立自信，这是实现更有效说话的前提。只有这样，人们才能够最大限度地发挥自己的潜在能力，在各种场合下发表恰当的讲话，博得赞誉，赢得别人的喜欢，获得成功。

任何说话技巧在实施之前，必须树立充分的自信心。因为自信心给人一种安全感，使你敢于与他人相处，并在任何非自由场合自由发表自己的看法。一旦你的思想表达中充满了激情，那么即使在很小的场合，你也会努力地搜索以前的经验，以此作为谈资。这样你的视野将会变得更加开阔，并对自己的生命产生新的认识。

在我的培训班开课之前，我曾做过一个调查，让人们说出上课的原因以及希望从这种口才培训课程中获得什么。调查的结果令人吃惊，大多数人的中心愿望与基本需要都是一样的，他们的回答是："当人们要我站起来讲话时，我觉得很不自在、很害怕，这使我不能清晰地思考，不能集中精力，不知道自己要说的是什么。所以，我想获得自信，能泰然自若地当众站起来，能随心所欲地思考，能依逻辑次序归纳自己的思想，能在公众场所或社交人士的面前侃侃而谈，做到明晰且有说服力。"

我相信这是真实的，当你站立在听众的面前时，的确不能像坐着的时候那样细致地思考，但是这种现象可以通过训练加以改善。更重要的是：你一定要按照我说的方法进行锻炼。

我要告诉你们的一个秘密就是，即使是职业演说者，也从来不会完全克服登台的恐惧——他们在开始演讲时也几乎总是会或多或少地有些怯意。这些怯意都可以从他们开头的几句话里表现出来，只不过他们能很快地克服这种怯意，并进入镇定的状态。而我在开始说话的时候也差不多是这样。

你首先应当认识到，当众说话时的恐惧感对人的交流是有益的，因为人类天生就具有一种应付环境中不寻常挑战的能力。当你注意到自己的脉搏和呼吸加快时，千万不要过于紧张，而要保持冷静。因为你的身体一向对外来的刺激保持着警觉，这种警觉表明它已准备采取行动，以应付环境的挑战。假使这种心理上的准备是在某种限度之下进行的，当事者会因此而想得更快、说得更流畅，并且一般来说，还会比在普通状况下说得更为精辟有力！

所以，你大可不必胆小地躲在自己给自己设定的框框里，你应该采取热诚主动的态度去与人交往。否则，恐惧将一发不可收拾，它不但会造成你心灵的滞塞、言辞的不畅、肌肉的过度痉挛而无法控制，还会严重降低你说话的效力。

那么，在最后，我有必要重复以下几点，这将对你克服恐惧、开口说话大有帮助：

（1）你害怕当众说话、拒绝与人交流并不是特例。

（2）某种程度的交流恐惧感反而会刺激和激励你，我们天生就有能力应付环境中不寻常的挑战。

（3）许多职业的演说家从来都没有完全驱除登台的恐惧感。

如何克服你的恐惧：

（1）不论任何社交场合，幽默都会帮助你打开与人沟通的大门。

（2）培养乐观的人生态度和坚强的意志，用勇敢顽强的精神激励自己。

（3）积极加强有针对性的心理训练，以有效克服紧张和不安等不良情绪，提高心理适应和平衡性，增强信心和勇气，以无畏的精神克服恐惧心理。

（4）“知识是医治恐惧的良药”这句话很有道理，如果对可能发生的各种变故都做好了充分的思想准备，就会提高心理承受能力，使恐惧难以侵入。

（5）通过学习，提高对事物的认知能力，扩大认知视野，正确判定恐惧源。

第二个原则：有针对性地培养自信心

卡耐基的忠告：为了培养信心和勇气，当你面对观众的时候，不妨表现得好像真的具有那种信心和勇气一样。

要自信，这是你做任何一件事情都必须要有的正确心态。无论你是攀登珠穆朗玛峰，还是和别人说话，自信都是你成功的基本前提。所以，在你开始说话前，首先要树立你的自信心！

在我的班上，有很多学员在学习完了之后坐在一起谈自己的心得，有相当多的人都认为他们所学到的最重要的东西就对自己的信心。也就是说，对自己成功多了一份信心。在某种程度上，没有什么比自信更加能够将一个人引向成功。

《贝德克旅行指南》上说，业余登山员应该有一个向导带路，因为攀登阿尔卑斯山很困难。但是几年前，我和我的朋友来到了阿尔卑斯山的维尔德·凯塞山面前，想要征服这座传说中很危险的山。首先我们要说的是我们俩都不是专业登山员，但是我们并没有请教向导。我们取得了成功。

在我们登山之前，曾有一位朋友问我们是不是能够成功，我口气坚决地告诉他："一定能！"

"为什么这么肯定呢？"那位朋友继续问道。

我说："也有人像我们一样没有向导而取得了成功。而且，我做任何事情都不会想到失败的。"

那么，应当如何具体操作来培养自信心呢？你可以按照下面的训练方法，有针对性地来提高你的自信心。

1. 做好充分准备，树立成功的信心

美国最著名的心理学家威廉·詹姆斯说过："行动好像是紧随于感觉之后产生的，但事实上它是与感觉并行的。行动受意念的直接控制，通过意念来控制行动，我们也可以间接地控制感觉，但感觉却不受意念的直接控制。因此，假如我们失去了原有的自然的快乐，那么，让你自己变得快乐的最佳方法，就是快快乐乐地坐下来，让自己表现得本来就很快乐一样。如果这种方法还不能让你觉得快乐，那就没有别的办法了。所以，让自己感觉自己很勇敢，而且表现得好像真的很勇敢，并竭力运用你所有的意念去达到这个目标，那么勇气就很可能取代恐惧。"

一个人达到成功说服的目的，跟说话之前所做的准备有很大关系。林肯说："即使是再有实力的人，如果没有精心的准备，也无法说出有系统、高水平的话来。"所以，你需要在说话之前广泛地搜集素材，并对你的主题进行深入细致的思考。当你确认自己准备充分之后，不妨设想自己正在以完全的控制力对他人说话。这是你很容易就能做到的。只有相信自己能够成功，并且坚定不移地相信自己，你才会成功。

请记住威廉·詹姆斯的忠告，为了培养信心和勇气，当你面对观众的时候，不妨表现得好像真的具有那种信心和勇气一样。（当然，前提是你必须做好充分的准备，否则再怎么表现也不能奏效。）

树立自信的第一种方法就是，如果你对自己所要讲的内容已经了然于胸，就应该轻松地大步走上台，然后做一次深呼吸。深呼吸30秒，可以给你提神，给你信心和勇气。著名男高音歌唱家简·德·雷斯基常说："你如果气充于胸，那么紧张感自然就会消失。"

还有一个方法，就是身体站直，看着听众的眼睛，然后信心十足地演讲，就好像每个人都欠了你的钱，他们在下面只不过是请求你宽限还债的时间。这种心理作用，将会对你稳定情绪大有帮助。

如果能克服当众讲话的恐惧，对我们做任何其他事情都会产生极大的、潜移默化的影响。那些敢于接受这项挑战的人，将发现自己正渐臻完美，逐渐战胜当众讲话的恐惧，使自己脱胎换骨，进入更丰富、更美满的人生。

我班上的一位推销员学员曾这样说道："在班上站起来几次之后，我觉得可以应付任何人了。一天早上，我找到了一个平时特别凶悍的买主。当他还没来得及说'不'时，我就已经把样品摊在他的桌上了。结果呢，他给了我一份最大的订单！"

一位家庭主妇也告诉我："原来我总是不敢请邻居来我家里，我怕我们之间不能融洽地谈话说笑。但是经过几次上课并站起来讲话之后，我决定开一次家庭宴会。那次宴会非常成功，我往来于宾客之间，尽情地和他们谈笑。"

在另一个毕业班的晚会上，一名店员这样说："最初，我很害怕和顾客说话，每次总是胆战心惊的。在班上演讲几次之后，我觉得有自信了，和顾客说话也从容不迫了。我开始敢理直气壮地说出不同的意见。我上演讲课之后的第一个月，销售业绩就提高了将近一半。"

通过这种有效的训练，这些学员觉察到自己已经能够很容易地克服恐惧或焦虑；从前他们可能会失败的事，现在却成功了。他们从当众讲话中获得了自信心，并让自己满怀信心地面对每一天的献礼。

你同样也可以获得这种胜利感，迎接生活的挑战。如果你能做到这一点，那些曾令你感到恐惧的问题，也就可以变成你生活中增添情趣的愉快挑战了。

2. 针对自身不足进行纠正性训练

如果的确存在一些不足，你可以进行针对性的训练，克服这些困难和不足，从而树立自信。

名列古希腊“十大演说家”之首的德摩斯梯尼从小就有口吃的毛病，而且他在说话的时候总是一个肩膀高、一个肩膀低，还不停地抖动。在那样一个崇尚口才的时代，这样的人理所当然地会受到歧视。他十分苦恼，并且有很深的自卑感。不过，他并没有被自卑打倒，而是以超常的毅力和吃苦的精神进行刻苦的训练。每天清晨他都站在海边，口里含着石子进行练习。针对爱抖动的毛病，他对着镜子进行练习，并在两个肩膀上挂两把剑，这样就不会抖动了。经过刻苦的训练，正如我们现在所知道的，他成为了一个十分出色、受人尊敬的演说家。

3. 自我暗示，相信自己能成功

有位英国青年律师要和一群知名的律师在法庭上辩论，他做了充足的准备，但是仍然感到不放心。担心自己会把辩论搞砸。于是，他去请教法拉第先生，他问法拉第：“我的对手比我知道的多得多，我必败无疑。”

法拉第先生简单明白地告诉他说：“如果你想成功，告诉自己，他们一无所知！”

很多人都会面临这位青年人一样的问题，他们真正的困难不在上面所提到的两点。因为我们绝大数人并不会像德摩斯梯尼那么不幸，没有口吃的毛病，也没有其他方面的不足。

心理学上说，自卑或者羞怯感总是会不同程度地在我们身上存在着。美国的一个调查表明，在宴会上与陌生人接触时，大约有3/4的人会感到局促不安；同样，由于羞涩或者自卑感造成的演讲或其他说话失败的例子更是屡见不鲜。可以看出，一个人没有自信，并不是因为他自己真的天生不如人，而是他自以为如此。因此，只有完全克服这种感觉，你才能正常甚至超常发挥。

你所有的准备，都是为了说话的那几分钟。不管你准备得如何，在一般情况下，说话的时候都可能会有不自信的感觉袭来。产生它的原因，可能是你担心自己还没有完全准备好——实际上你已经准备得相当充分了，但是你认为自己可能疏漏了什么，也有可能是因为你担心听众比你的水平高，而你所讲的东西对他们来说过于简单；或者你担心可能会出现什么突发事件，比如在你的说话过程中有人打断你，等等。这些想法最致命的危害就是给你消极的自我暗示，你必须想办法把它们从你的心里赶出去。

要想在当众说话中获得成功，有必要给自己某些积极的暗示。试试下面的方法，这是经过多年来的摸索得出来的。

1. 确信题目有价值

演讲的题目选定之后，要根据情况进行汇集整理，并和朋友探讨。但这样的准备还不是很充分，还要让自己确信这个题材是有价值的，因此你必须具备坚定的态度，以此来激励自己、坚信自己。

怎样才能让自己确信这一点呢？这就要详细研究演讲的题材，抓住其中更深层的意义，暗示自己，你的演讲将有助于听众，他们听过之后会成为更优秀的人。

2. 不要想令你分心的事情

举例来说，假如你想象自己可能会犯语法错误，或中间突然讲不下去等，这些消极想法很可能会使你在开始之前便失去信心。

说话之前，尤其重要的是要将注意力从自己身上移开。要集中精神，听别的说话者在说什么，把你的注意力放在他们身上，这样就不会给你造成过度的登台恐惧了。

3. 进行适当的自我激励

任何一位演讲者都有可能对自己的演讲题材产生怀疑。例如，他会问自己适不适合这个题目，听众会不会感兴趣等，因此很可能在一念之间就更改题目。这时，消极的思想极有可能彻底毁灭你的自信，所以，你应该先给自己打气，用浅显的话鼓励自己：

“这次演讲是很适合我，因为它来自我的经验，来自我对生命的看法；我将比任何一个听众都更适合来做这番特殊的演讲；我会全力以赴，把这个题目说得清清楚楚。”

这种古老的方法真的管用吗？当然。现代实验心理学家们都同意，这种由自我暗示而产生的动机，即使是假装出来的，也会成为人们快速学习的最有力的动力。既然如此，那么根据事实所做的真诚的自我激励，效果自然也就更好了。

如何快速提升自信心:

（1）找出让你感到不自信的根源，想办法解决它们。

（2）你的自信会引领你走向成功，所以，你需要自信满满地站起来说话，什么都不用想。

（3）如果你能发现，自己仅仅只是怯场——那不一定是由于不自信造成的——这样问题就好办多了，因为你可以夸张地相信，几乎人人都害怕当众讲话。

第三个原则：始终保持积极乐观的心态

卡耐基的忠告： 目标高低带来的自我暗示直接决定了我们行为能力的大小。

一个人上楼梯，分别以6层和12层为目标，其疲劳状态出现的早晚是不一样的。我发现，如果把目标定在12层，疲劳状态会出现得晚一些。因为当你爬到6层的时候，你的潜意识便会暗示自己：还有一半呢，现在可不能累啊！于是你就会继续鼓劲往上爬。

这说明了什么呢？目标高低带来的自我暗示直接决定了我们行为能力的大小。进而我们可以得出这样的结论：意识不但会影响到你的心理状态，而且会直接影响到你的生理状态。这就是心理暗示的重要性。

你也许还会有些怀疑，自我暗示真的管用吗？是的。现代实验心理学家都同意这样一种观点；由自我暗示而产生的动机，即使是假装的，也会成为人们快速学习的最有力的诱因之一。因此，请对自己进行积极的自我暗示。

威廉·詹姆斯曾说过这样的话："人们通常认为行动总是跟随在感觉之后，但实际上，这两者是并存的关系。行动为人们的意志所制约。借着制约行动，意志可以间接地制约感觉，而感觉并不受意志的直接控制。"

"因此，当我们不再感到快乐时，唯一的改变办法就是愉快地睡觉、吃饭、谈话，尽量从行动上表现出你很快乐。如果这样都不能改善你的心情的话，那么就再没有别的办法了。让自己勇敢起来，即使只是从行动上表现出来，因为人们总是习惯于自我催眠。行动可以间接影响你的感觉，然后调动你所有的意志来达到这个目的。这样，勇气也就会取代恐惧了。”这就是一种心理暗示。如果你怀疑这种理论，你可以和曾看过这本书并且照着这个方法去做的人，或者上过我的训练班的学员去谈谈，你将会相信这一点的。

接下来我将举一个例子以证明这种心理暗示理论的正确性，这个人被视为勇气的象征。他也有过胆怯的时候，但他决心只依靠自己。于是，在不懈地努力之后，他终于成了受人敬仰的勇士。他就是反对托拉斯、以言论左右听众、手里挥舞着总统权杖的西奥多·罗斯福。在他的自传里，他这样写道：“我曾是一个体弱多病而且笨拙的孩子。年轻的时候，我常常处于一种紧张的状态中，对自己也没有信心，因此不得不艰苦地训练自己。这种训练并不只是身体上的，也包括灵魂和精神上的。”

一个这样的孩子，是怎么变成勇士的呢？他在自传里解释了让他得以转变的原因：“我在马里埃的书中看到过一段话，印象极为深刻，并把它时时记在心里。这是一个小型英国军舰的舰长向主角解释如何才能顶天立地、无所畏惧地生活的一段话。他说，最初要行动的时候，每个人都会紧张、不安，重要的是，不应让这种恐惧感延续下去。你应该采取的方法是控制自己，表面上装作若无其事的样子。这样持之以恒，假装的就会变为现实。他只不过是想练习坚强的意志，但这种练习让他变成了真正的勇者。”

“这就是我训练自己的方法。一开始，从大灰熊到野马、猎枪，我什么都怕，可我尽量装出不怕的样子来。慢慢地，我不再恐惧。人们要是愿意，也可以像我一样。”罗斯福这样说。

在第二次世界大战期间，有一个犹太人想要活着走出纳粹集中营。人们都说这是不可能的——丧心病狂的纳粹分子随时可能把他们成批地拉出去枪毙，另外，恶劣的生存环境让人们生病、相互传染以至相继死亡。总之，人们都已经失去了生存的信心。但是，这位犹太人暗暗地告诉自己说：“某月某日，联军一定会来拯救我们的。在此之前，我一定要好好地活下去。”结果，在他预定的那个日子来临之前，他的同伴一个个死去，但是他却坚强地活了下来！然而，当他预定的那个日子来到以后，他却像他的同伴一样，急速地衰弱并且死亡了。

从上述事例我们可以看出，心理暗示确实能够给我们带来勇气。积极的心理暗示可以使我们克服恐惧、战胜困难，对我们做任何事情都十分有利。那些敢于接受这项挑战的人将发现自己正脱胎换骨，享受更丰富、更美好的人生。

所以，当你开口说话或者需要拿出勇气来战胜困难的时候，不妨摆出一副信心满满的样子来。如果你已经准备妥当，就勇敢地把你想要说的话表达出来吧!

保持乐观心态的诀窍：

（1）即使有一点紧张也不要紧，关键是要正确地进行处理。

（2）如果你在说话的时候有失误，可以把它当做是你的幽默或是别的什么东西。总之，要给自己适当的、积极的心理暗示。告诉自己：一切都很好。

第四个原则：善于借鉴别人的经验激励自己

卡耐基的忠告： 在你感到胆怯的时候，问一问自己："既然他们都取得了成功，我为什么不能呢？"

每个人都想在众人面前侃侃而谈，拥有令人羡慕的谈吐功力。但是很多人却最终这样抱怨："我也知道自己需要鼓起勇气，但是当我想要开口说话的时候，这好像并不容易做到。"这个问题是大部分人在说话时都会碰到的问题。那么，让我们谈一谈关于如何鼓起勇气的话题。

顾立区公司董事长顾立区先生有一天来到我的办公室。他对我说道："我这一生每逢要说话时，没有一次不是非常恐惧的。但是身为董事长，我不能不主持会议。虽然与董事们都相识多年，但是一旦要站起来说话，我就一个字都讲不出来。这种情形已经有好多年了，我的毛病太严重了。卡耐基先生，我很难相信你能帮我克服这一毛病。"

"既然如此，你为什么还来找我呢？"我问他。

"这是因为发生了一件这样的事情。"顾立区先生回答道，"我的一个会计师，原来是个害羞的家伙。他走进自己的办公室之前，必须要穿过我的办公室。以前他都是看着地板，一个字也不说，蹑手蹑脚地走过我的办公室。不过最近，这种情况发生了改变。现在他总是下颌抬起，眼里闪着光亮，而且还主动和我打招呼，这令我十分惊讶。我问他：‘是谁使你改变的？’他告诉我说‘卡耐基先生’。因为这件事情让我难以置信，所以我还是来找你了。”

“如果你希望跟这位会计师一样有所改变，”我对他说，“你可以定期上课。”

“你要是真能使我开口说话而不再恐惧，”顾立区先生说，“那我可就要成为最快乐的人了。”

顾立区先生果然来参加我们的训练了。事实上，他进步神速。3个月之后的一天，我请他参加阿斯特饭店舞厅里的3000人聚会，并邀请他向客人们谈谈参加卡耐基口才训练班的感受。他很抱歉地说他不能来，因为他已经安排了一个重要的约会。但是，第二天，他又打电话给我说：“卡耐基先生，我把约会取消了。我一定要来参加这个聚会，因为这是我欠你的。我要告诉人们卡耐基口才训练班给我带来的好处，它真的使我变成了这个世界上最快乐的人。我希望以自己的故事来激励人们，让他们彻底消除损害他们生命的恐惧。”

在聚会上，顾立区先生对着3000人侃侃而谈，足足说了10多分钟，而我本来只要求他说2分钟。当听众们被他的精彩演说打动的时候，有谁会想到他原来一说话就会极为恐惧呢？

如果你希望像顾立区先生那样，你也可以在短期内掌握这门艺术。事实上，正如顾立区先生在讲话中想要告诉人们的那样，你完全可以从他的经历中认识到，说话并不是一件很难的事情。也就是说，你可以借用他的经历来鼓起自己的勇气。在你因为恐惧而无法开口说话的时候，你都可以想到：“既然顾立区先生可以做到，我也一定能够做到。”

在我们与那些重要人物进行交谈、进行商业谈判时，甚至只是在平常与人的交谈中，如果感到很害羞，你都可以借用别人的经验来鼓起自己的勇气；在不同的时候，你可以想到相应的故事，以达到鼓起自己勇气的目的。

我曾经对那些说话高手进行过调查，结果发现几乎所有的人都存在过害羞的心理，即使是现在——正如我前面所说——当他们发表意见、进行谈判或说服别人的时候，也还是没有完全祛除紧张的心理。在交际场上游刃有余地活动的钢铁大王安德鲁·卡内基常常对人说："虽然我天性很害羞，但是我却努力让自己成为一个说话高手。"

我希望你有机会去我家，我将为你展示我收到的来自世界各地的感谢信。写信的人有的是企业界的领袖，有的是州长、国会议员、大学校长和娱乐圈的明星，更多的则是企业中的主管人员、工人、工会成员、大学生、家庭主妇、牧师等，他们都是一些默默无闻的普通人。

他们的共同点是，都觉得自己需要表达自己的观点、与人沟通，以让别人了解和接纳自己，但是却缺乏足够的勇气、足够的自信心——也就是说，他们一开始都不善言辞。正是因为取得了一定的成绩并实现了自己的目标，所以他们才心怀感激，特意给我写信表示感谢。

因此，当你需要鼓起勇气在酒会上讲话或跟你的客户谈判的时候——实际上，在一切需要你展现口才的时候——你都可以借别人的经验来激励自己。在你感到胆怯的时候，问一问自己："既然他们都取得了成功，我为什么不能呢？"

如何借鉴别人的经验：

（1）要想克服当众说话那种灭顶之灾的恐惧感，最好的办法就是首先获取成功的经验，并以此不断地激励自己。

（2）你可以选择一个让你印象深刻，或者跟你一开始的情形差不多，但是后来却成功了的人的故事来鼓起你的勇气。你应该想到，每个人都是从胆怯开始的。当你感到恐惧时，想一想别人已经成功应对过这种恐惧了。

（3）了解别人克服恐惧的方法，如心理暗示法、肌肉训练法、深呼吸法等，有意识地加以训练。或者干脆把自己想象成别人，把自己的恐惧想象成只是别人的一段经历——而他最后成功了！

第五个原则：不放过每一个锻炼口才的机会

卡耐基的忠告：你要知道，即使你没有说好，天也塌不下来，没有人会责怪你的。

萧伯纳向别人介绍自己提高口才的经验时说："我借鉴了自己学溜冰的方法——我让自己一个劲地出丑，直到学会为止。"无论你是想成为一个像萧伯纳那样出色的演说家，还是只想在人们面前从容不迫地讲话，你都应该抓住每一个可以练习的机会，尽量让自己"出丑"。

我们都知道，一个人如果不下水，便永远也学不会游泳。说话能力也是如此。如果你不开口说话，即使学到了再多的关于口才或关于发音的知识，也不可能学会它。我前面举的所有说话高手的例子中，如果他们不经常说话并且不思考怎么更好地说话，他们也是不可能取得成功的。

第一次世界大战以后，我在125街青年基督协会所教授的课程已经改变，不再像当年一样。我每年都有新的观念加入课程，而有些旧思想则会被淘汰。但是有一点一直没有变化，那就是训练班的每个学员都被要求至少当众说一次话，更多的时候是至少两次。我认为，如果不经常练习的话，就算你读遍了所有关于口才的著作——包括我这本书，你也仍然学不会如何说话。所以，本书对你只是指引，你得有自己的实践才行。

每个人都会有理想的自我形象，希望别人以赞许的目光来看待自己。当他跟某个陌生人接触、与异性交往、与权威人士交谈或是当众说话的时候，他就会不由自主地意识到自我形象面临着某种威胁，担心自己一说话就错误百出、当众出丑，害怕别人说自己“笨蛋”、“没水平”或者“爱出风头”、“好表现”等。很多人由于对说话可能产生的结果的不确定性感到担心，因此不愿意开口。这种担心是完全没有必要的。你要知道，即使你没有说好，天也塌不下来，没有人会责怪你的。

说话的机会到处都是。看看自己的周围，你会发现没有一个地方是不需要说话的。你可以有意识地参加一些组织，从事一些需要讲话的工作；你也可以在聚会上站起来说上几句，哪怕只是附和别人的几句话。开会的时候，不要让自己躲在角落里，而是要命令自己勇敢地站起来说话。只有这样，你才会知道自己有怎样的进步，才会学会说话的本领。

当你开口说话的时候，一开始你可能连自己都不知道自己想要表达什么观点，更谈不上什么文采和修饰了，但这不是什么大事。最重要的是你已经成功地开口说话了，如果你能坚持下去，接下来你要关心的问题才是这些。不论你有多么渊博的知识、多么睿智的大脑，你都不要期望一开始就能清晰明白地向别人表达出来。任何成功的说话高手都是从这一步走过来的。

“你说的这些道理我全都懂，”有一次，一位年轻的商务主管学员对我说，“可是我还是很犹豫，我似乎害怕学习的艰难和考验。”

“什么艰难、考验呢？”我说，“赶快丢掉这些思想吧！你为什么就不能用一种正确的征服性的精神来看待这个问题呢？”

“那是什么精神？”他问道。

“冒险精神。”我说。接着我又对他谈了一些通过说话获得成功，并且使自己的个性也发生了好的变化的例子。

“我一定要试试，我也要去从事这项冒险活动。”他最后说。

你正在读的这本书，是一本关于冒险行动的书。当你继续阅读本书并打算付诸实施的时候，你也是在进行跟他一样的冒险。你将会发现，在这项冒险活动中，你的自我引导能力和敏锐的观察力将会给你带来帮助；你还会发现，这项冒险将会从内到外地改变你。

珍惜每一次开口的机会：

（1）当你错过一次说话的机会，你应该感到非常的后悔。

（2）抓住每一个机会说话。如果不开口，你永远提高不了你的说话能力，而别人将得到这个锻炼的机会。

（3）进步是一次一次慢慢得来的。每发表一次当众演说，你就朝成功的目标又迈进了一步。

第六个原则：想象目标达成后的成就感

卡耐基的忠告： 如果你希望做好一件事，你就能够做好。如果你期望致富，你就能够致富；如果你想博学，你就会博学。

有一个卡耐基训练班的毕业生说："开始说话的时候，我宁愿挨鞭子也不愿开口；但是临结束时，我却宁愿挨枪子儿也不愿停下来了。"几乎每一个人都渴望获得进行成功交谈的能力，想要体验这种"不愿停下来"的美妙感觉。

前文中提到的顾立区先生说，是卡耐基训练班使他说话不再感到恐惧，使他能够在3000人面前侃侃而谈，使他成为了"这个世界上最快乐的人"——让说话成为一种快乐，这正是卡耐基训练班的目的。而我认为，这个目的远较其他目的更为重要。

顾立区先生之所以参加卡耐基训练班，之所以能够努力地做卡耐基训练班分派的功课，正是因为他已经预见到了说话的成功会给他带来乐趣。顾立区先生将自己投入未来的理想中，然后努力使自己梦想成真。如我们所看到的那样，最后他成功了。

钢铁大王卡内基死后，人们在他的遗物中发现了他32岁时所拟的计划。他当时准备退休后到牛津大学接受完全的教育，并"特别注意于公开演说的学习”。那么，人们为什么要致力于提高自己的说话能力呢？也就是说，究竟说话的成功对人们有什么重要的意义呢？

我们不妨想象一下：面对多得难以计数的听众，自信满满地走上讲台，听听开场后全场的鸦雀无声，感觉一下听众被你的深入浅出、幽默诙谐的演说所深深吸引时的那种全神贯注，体会一下听众对你报以经久不息的雷鸣般的掌声时的成就感，然后你带着微笑接受大家对你的赞赏……

当然，提高自己的说话能力的好处，并不只是可以在正式场合发表成功的演说。继续想象一下；依靠你的口才，通过与对方机智地谈判，你赢得了一笔数额巨大的业务；依靠幽默和富有气质的口才魅力，你赢得了心爱的女孩的欢心，并且与她共同迈进了婚姻的殿堂，依靠极具说服力的口才，你使一个国家停止了对另一个国家使用武力，使亿万人民避免了战争的灾难，你受到了人们的尊敬……还有什么比这更加吸引人的呢？

许多来上口才训练班的学员，大都是因为在社交中感到胆怯和拘束，其中有政界要员、明星，也有普通人。他们以前多半是这样一种情形：当站起来说话的时候，他们会感到手足无措，需要在数量很多的人——即使是熟识的人——面前说话时，他们会连一句完整的话都说不出来。在这样的情形下，他们感觉自己好像不再是自己了，因为他们完全控制不了自己。

可是在完成训练班的课程之后，他们的改变令他们自己都刮目相看。他们发现，让自己说话再也不那么为难了。他们都觉得自己以前的害羞和拘束其实很幼稚、很可笑。当然，他们在训练过程中培养出来的那种自然洒脱的气度，也让他们的朋友、家人或顾客另眼相看。他们开始在建立自己的信心的同时，游刃有余地处理和他人的关系，从而影响到他们的整个人生。

经过卡耐基口才训练后，这种口才能力的提升也会不同程度地影响到人的性格，即使不一定很快地显现出来。大卫·奥门博士是大西洋城的一位外科医生兼美国医药学会的会长，我曾问他：“就心理健康而言，接受当众说话训练有什么好处？”他回答说：“回答这个问题，最好是开一个处方，这个处方必须每个人自己给自己配药。如果他认为自己不行，那他就错了。”以下便是奥门博士给我们开的处方。

努力培养一种能力，让别人能够走进你的脑海和心灵。试着面对单独的人，或在大众面前清晰地表达你的思想和理念。当你通过这种努力不断地获得进步时，你便会发现：你——你的真正自我——正在真正塑造一个崭新的形象，使你身边的人产生一种前所未有的惊讶。当你试着和别人说话时，你的自信心会随之增强，你的性格也会跟着变得越来越温和美好，而这就表示你的情绪已经渐入佳境。随之，你的情绪会使你的身体好起来。这个世界的男女老少都需要讲话。即使我并不清楚在工商业社会中，讲话会带来别的什么利益，我也依然相信它有无穷的好处。不过，我的确了解它对于健康的益处。只要你一有机会，就对几个人或许多人说话——而你将越说越好，我自己就是这样。同时，你还会感到神清气爽，觉得自己完美无缺，这都是你以前所感受不到的。"这是一种舒畅而美妙的感觉，没有任何药物能给你这种感觉。"奥门博士如此形容。

哈佛大学最杰出的心理学教授威廉·詹姆斯的话正好能解释这一点，他说："几乎不论哪种课程，只要你对它充满了热情，你就能够顺利完成。如果你对结果足够关心的话，你就能够实现它；如果你希望做好一件事，你就能够做好；如果你期望致富，你就能够致富；如果你想博学，你就会博学。只有那样，你才会真正地期盼这些事情，心无旁骛地一心期盼，而不会白费心思、胡思乱想许多不相干的杂事。"

"不要抱着投机的心态来学习，"沃特斯告诫我们说，"这种态度只会使我们一无所获。你应该首先给自己订立一个计划、确定一个目标，然后踏踏实实地为这个目标奋斗。当你把自己的精力和才能都用在这上面时，那么你离成功就不会很远了。而我所说的投机的学习态度，是指那种认为自己所学的东西在将来某个时候可能会带来好处而毫无方向的学习。"

想象你自己正在成功地做着你目前所害怕做的事情，想象你已经能够在各种工作和社交场合侃侃而谈。你的观点被大家所接受，并给你带来了许多好处。这对实现你的目标大有好处。因此，时刻铭记自己的目标是十分重要的。

集中你的全部精力、时刻不忘记自信和侃侃而谈的说话能力，对你而言是十分重要的。只要想想由此结交的朋友在社交方面对你的重要性，想想自己为大众、为社会服务的能力将大大增强，想想它对你的人生和事业将产生的深远的影响……总而言之，想想它将为你在将来实现自己的价值铺平道路，你就能实现你的目标。

如何实现预期的目标：

（1）时刻牢记实现目标将给你带来的益处。

（2）将你的目标明确下来，把它写在显眼的地方——最好是把它“写”在心里，每天早上提醒自己。

（3）回想以前自己说话时的害羞和局促，以及由此带来的困窘和其他后果，你就会激发出提升自己口才能力的动力。

第七个原则：相信自己能够成功，才会成功

卡耐基的忠告： 人——无论是谁——本身都有无穷的潜在能力，但能否开发出来，往往取决于每个人自己的态度。

“如果你对结果足够关心的话，你就能够实现它。”这是威廉·詹姆斯的一句话，我在这里用这句话引入我的话题。他说过：“在这里，你可以把它理解为一种必胜的信念。因为当你的目标对你的吸引力足够大时，你就会树立起一种必定要成功的信念。在任何时候，告诉自己，我一定要，而且能够成功。这样，你就能够成功。”

恺撒成功的秘诀在于他使他的士兵们知道，他们必须取得成功，没有退路。当恺撒率领他的军队从高卢渡海而来，登陆现在的英格兰的时候，他是怎样取得胜利的呢？他把军队带到了多佛海峡的白岩石悬崖上，让士兵们望着位于自己脚底200英尺的海面上燃烧的船只。士兵们知道，他们与大陆的最后联系已经断绝，退却的工具已经被焚毁，唯一可做的事情就是前进、征服、胜利。就这样，恺撒和他的军队成功了。

当你想战胜面对听众所产生的恐惧，以及克服提高自己的说话能力必然要面对的困难时，为何不让自己拥有这种精神呢？把消极的思想全部扔到火里焚烧，并把身后通往犹豫退缩的大门紧紧关上——你就必将取得成功。

很多名人的成功正是得益于这种方法——耶鲁大学的乔治·戴维森教授

就是依靠这种强大的信念取得成功的。

年轻时候的乔治有一个梦想，他希望能够改变世界、服务全人类。为了达到这个理想，他需要接受最好的教育，而美国是他最理想的去处。当时的乔治身无分文，要到1万千米外的美国去，简直就是天方夜谭。不过，他还是出发了。

他徒步从他的家乡尼亚萨兰的村庄出发，穿过东非荒原到达开罗，在那儿他可以乘船抵达美国。他一心想的是到达那个可以帮助他改变自己命运的国家，其他的一切他都可以置之度外。他一开始就遇到了极大的困难。在崎岖的非洲大陆上，他用了5天才艰难地跋涉了25英里（约40千米）。他的食物已经吃完，水也已经喝完，而且，他身无分文。他还需要继续前进几千英里。

回头吗？还是拿自己的生命赌一把？乔治知道，回头就是放弃，就是回到贫穷和无知。而他不想这样。他相信自己能够克服这些困难，达到自己的目的地。于是，他对自己说："继续前进，除非我死了。"他继续孤独地前行。他常常席地而睡，以野果和其他植物维持自己的生命。旅途使他变得瘦弱不堪。由于极度的疲惫和近乎绝望的灰心，几次他都想放弃。但是每当这时，他就自己给自己鼓气。终于，他战胜了自己的怯懦，充满信心地继续前进。

经过种种磨难和痛苦，1950年10月，乔治终于用两年的时间来到了美国，骄傲地跨进了斯卡济特峡谷学院的大门。凭着对目标的专注和近乎神圣的成功的信念，乔治战胜了常人难以战胜的困难。还有什么比这件事情更加难以办到的呢？

在一次广播节目中，主持人要我用3句话来说明我学到的最重要的一课。我当时是这么说的："我所学到的最重要的一课，是我们的思想对我们非常重要。如果我能了解一个人的思想，我就能了解他这个人，因为正是思想造就了我们。而如果我们能够改变自己的思想，也就能改变自己的一生。"

从现在开始，你就要积极地设想自己的努力最终会使你成功。为了达到目标，你需要建立足够强大的自信和目标必将实现的信念，你必须对自己说话能力训练的努力成果保持轻松而乐观的态度。你应该想到，你努力的结果必然是，当需要在众人面前站起来说话时，你能够从容不迫地侃侃而谈、清晰明白地表达你的观点。你一定要把你的决心和信念烙在每个词句、每项行动上，并且竭力培养这种能力。

有一个叫乔·哈弗斯第的人曾经在卡耐基培训班接受培训。有一天，他站起来信心十足地对大家说，他不满足于做一名房屋建造商，他希望自己成为“全国房屋建筑协会”的发言人。他最想做的事是在全国各地奔走，把他在房屋建筑业中遇到的问题和获得的成就告诉人们。难能可贵的是，他不但对理想有一种狂热的追求，而且真的说到做到。

他想讲的，不仅仅包括地方性的问题，还包括全国性的问题。对于这样的想法，他并没有三心二意，而是用心地准备自己的演讲，并且用心地进行练习。在上课期间，他从没有耽误一次课；即使再忙，他也仍然一丝不苟地按照训练班的要求去做。结果他的进步十分迅速，令大家都十分惊讶。两个月之后，他成了班上的佼佼者，被选为班长。

大约一年以后，乔·哈弗斯第的老师这样写道：“我几乎已经忘记了来自俄亥俄州的乔·哈弗斯第了。一天早上，我正在吃早餐。当我不经意间打开《弗吉尼亚向导》的时候，书中醒目的位置上赫然有一幅乔的照片和一篇称赞他的报道。报道中说，前天晚上，他在一次地区建筑商的盛大聚会中发表了精彩无比的演讲。这时的乔已经不是‘全国房屋建筑协会’的发言人了，简直就像是会长了。”

乔·哈弗斯第为什么能够成功呢？因为他有强烈的欲望，保持了高度的热忱，具备了克服困难的坚强毅力。更加重要的是，他相信自己一定能够成功。

一个成功者不一定具有不同于一般人的本领和才智，但他坚信自己一定能够成功，并且，他会把全部精力用于追逐成功的行动当中。这样，成功的概率就会大大提高。

因为，人——无论是谁——本身都有无穷的潜在能力，但能否开发出来，往往取决于每个人自己的态度。如果你相信自己能够成功，那么你就必定能够成功。

➤➤ 成功的捷径只有一条——坚持：

（1）在你说话的时候，告诉自己必定能够成功。告诉自己：成功并不是那么困难。

（2）请记得那些说话高手，他们一开始也并不出色，甚至比你还差劲。

（3）永远也不要抱怨你遭遇了多大的困难，因为你的困难已经被很多人克服过了。

第八个原则：意志力是成为说话高手的关键

卡耐基的忠告： 在你遇到困难的时候，不用去想为什么会有这些问题，因为本来就有这些问题。

我们想要成功，那么我们在做任何事情的时候都需要有坚强的意志力。在本节里，我将专门来讲述关于意志力的问题。坚强的意志力要求我们在努力的过程中专心致志，拥有不达目的不罢休的韧劲以及克服困难的顽强精神。

英国政治活动家、小说家爱德华·立顿是一个成功者。他一生中走访了很多地方，所见甚广，也积极参与政界活动和各种社会事务；另外，他还出版了60本著作，而这些课题都是需要深入研究的。人们很奇怪整日忙碌的他竟然还有时间来做学问，于是问他："你在百忙之中居然还完成了那么多著述，难道你有可以同时完成这么多工作的分身术吗？"

爱德华当然没有分身术，他拥有的是坚强的意志力。他通常每天只花3个小时甚至更少的时间来研究、阅读和写作，但是他却充分地利用了这3个小时。在这些时间里，他全神贯注地投入到他的学习和研究中，用心极为专一。正是这种坚强的意志力，使他只用了少量的时间就取得了巨大的成就。

在致力于提高自己口才的过程中，我们也需要像爱德华·立顿一样心无旁骛地进行训练。因为只有充分利用了自己有限的时间，专心致志地致力于提高自己的口才，才能最终取得成功。

我在前面举了乔·哈弗斯第成功的例子。乔·哈弗斯第成功的原因一方面在于他坚信自己能够成功，另一方面在于他有着坚强的意志力，在通往成功的道路上，他就是靠这个优秀的品质把困难赶跑的。在进行初始训练的时候，你不可避免地会遇到挫折、困难。这些困难会给你带来不同程度的创伤，会使你的信心动摇。

在你遇到困难的时候，不用去想为什么会有这些问题，因为本来就有这些问题。要知道，世上没有任何东西可以代替毅力和决心。许多人有才能但却失败了，就是因为缺少毅力和决心。我们要相信，最困难的时候，就是离成功不远的时候。成功的秘诀其实很简单，那就是无论何时，我们都不能允许自己有一点点的灰心。

我再列举一个商界传奇人物的故事，故事的主人公叫做克劳伦斯·B.蓝道尔，如今已经登上了企业的最高层。蓝道尔先生在大学里第一次站起来说话时，像很多人一样，因为不善言辞而失败了。当时，老师规定每个人有5分钟的说话时间，但是他却讲了不到一半就脸色发白，不得不十分困窘地走下讲台。

可是，他虽然有这样的经历，却并不甘心失败。他下定决心要成为一个说话高手，并且一直坚持不懈地努力，最后终于成为政府的经济顾问，受到了世人的仰慕。他写过许多富有启迪的书。在其中一本叫做《自由的信念》的书里，他提到了他当众说话的情形：

"我的演讲安排得十分紧凑，因为我要参加各种聚会，其中包括厂商协会、商务部、扶轮社基金筹募会、校友会以及其他团体举办的聚会。我曾经在密歇根州得艾斯肯那巴发表爱国演讲，慷慨激昂地投身于第一次世界大战，我还和米基·龙尼下乡进行慈善演讲，与哈佛大学校长詹姆斯·布朗特·柯南、芝加哥大学校长罗伯·M.胡钦斯下乡进行教育宣传；我的法语很糟糕，但是我却用法语发表过一次餐后演讲。"

蓝道尔说："我认为我了解听众们想要听什么以及他们希望这些内容如何被讲出来。对于演讲的人来说，这里面的窍门就是只要你愿意学，没有什么是学不会的。"

成功的决心和信念是决定你能不能成为一个说话高手的关键因素，这是从蓝道尔的故事中可以得到的经验和启示。如果我知道你的心思、知道你的意志的强度以及你是否有乐观的态度，那么我就可以准确地预测出你在改进当众说话技巧方面会有多快的进步。

任何人只要他希望迎接语言的挑战，希望自己能够简单明白地表达自己的观点并让别人了解自己的才华，就一定要具备坚毅的决心。在那些成功地获得了说话技巧的人当中，只有极少数人是真正的天才，大部分人都是跟你我一样的普通人。但是，由于他们肯坚持，他们也同样获得了成功。至于较特殊的人，则有时会气馁，没有坚持下来，结果反倒庸庸碌碌。只要有胆量、有目标，走到路的尽头时，往往也就爬到了顶端。

你的意志力是成功的关键：

（1）一个人的成功，在很大程度上取决于他的信念程度。成功者只多了一份坚持。

（2）在遇到困难时，想象自己克服它之后拥有的快乐。

（3）如果你因为看不到实际好处而对口才训练三心二意的话，光有愿望是无法使你心甘情愿地坚持下去的。

（4）当你失败的次数够多，而你又没有被击倒，你就一定会成功。

（5）面对更加艰难的新任务，试想一下以往成功的经验，既然以前能够成功，这一次也一定会成功。

THE ART OF
COMMUNICATION AND
WISDOM OF LIFE

上篇·赢得友谊的沟通艺术

第二章
成为沟通高手的六项修炼

第一项修炼：不当面指正别人的错误

卡耐基的忠告： 谦虚而有策略，你将无往不胜。

无论你用什么方式指责别人，说他错了，你以为他会同意你吗？绝对不会！即使你搬用所有柏拉图或康德式的逻辑与他辩论，也改变不了他的看法，因为你伤了他的感情。

永远不要这样说："我要给你证明这样……"那就会把事情搞砸了。因为那等于在说："我比你聪明。我要告诉你怎样怎样，使你改变看法。"那是一种挑战，只会引起争端和反抗，使对方甚至根本不听你下面的话就和你争论起来。

西奥多·罗斯福入主白宫时，他就承认如果能有75%的时候不出错，就达到了他的最高期望标准。如果这位20世纪最杰出人物的最高希望也只是这样，那何况你我呢？如果你确信有55%的正确率，你大可以去华尔街，一天赚个100万美元。如果你没有这样的把握，你又凭什么说别人错了？

在我研究青年时代的林肯的时候，我惊奇地发现，胸襟博大的林肯一开始竟然是一个以指出别人的错误为乐的人。在他年轻的时候，他非常喜欢对别人进行评论，并且经常写信讽刺那些他认为很差劲的人。他常常把信直接丢在乡间路上，使别人散步的时候能够很容易看到。即使在他当上了伊里诺州春田镇的见习律师以后，他还是经常在报纸上抨击那些反对者。

1842年的秋天，林肯经历了一件令他刻骨铭心的事情。当时他写了一封匿名信发表在《春田日报》上，嘲弄了一位自视甚高的政客詹姆斯·希尔斯。这封信使希尔斯受到了全镇人的讥笑。希尔斯愤怒不已，全力追查写信人，最后查到是林肯写的那封信。他要求和林肯决斗，以维护自己的名誉。本来林肯并不喜欢决斗，但是却无可奈何，只能答应。他选择了骑士的腰刀作为他的武器，并且请了一位西点军校毕业生来指导他的剑术。

在接下来的日子里，林肯一直处在一种十分愧疚和自责的状态下，因为这一切都是他指责对方的错误而导致的。他在这样的心态下等待着那惊心动魄的时刻的到来。幸好——非常意外地——在决斗开始的前一刻，有人出面阻止了这场决斗。

由于指责别人的错误而被迫与别人一决生死，这是多么愚蠢的一件事。林肯终于决定以后再不做这样的事情了。他不再写信骂人，也不再为任何事指责任何人。

内战期间，林肯好几次调换了波多马克军的将领，但是这些将领却屡次犯错。人们无情地指责林肯，说他用人不当。林肯并没有因此而对这些将领进行指责，而是保持了沉默。他说："如果你指责和评论别人，别人也会这样对你。"他还说："不要责怪他们，换作是我们，大概也会这样的。"

1863年7月3日开始的葛底斯堡战役是内战期间最重要的一次战役。7月4日，李将军率领他的军队开始向南方撤离。他带着败兵逃到了波多马克河边，他的前面是波涛汹涌的大河，身后是乘胜追击的政府军。对北方军队而言，这简直是天赐良机，完全可以一举歼灭李将军的部队，从而很快地结束内战。林肯命令米地将军果断出击，告诉他不用召开紧急军事会议。

为了确保命令的下达，他不仅用了电报下令，另外还派了专门人员传达口信给米地将军。结果呢？米地将军并没有遵照林肯的命令行事，而是召开了紧急军事会议。他借故拖延时间，甚至拒绝攻打李将军。最后，李将军和他的军队顺利地渡过了波多马克河，保存了实力。

当听到这个消息后，林肯勃然大怒——他从来没有这么愤怒过。失望之余，他写了一封信给米地将军。信的内容是这样的：

“亲爱的米地将军：

我不相信，你也会对李将军逃走一事感到不幸。那时候，他就在我们眼前，胜利也就在我们眼前。而现在，战争势必继续进行。既然在那时候你不能擒住李将军，如今，他已经到了波多马克河的南边，你怎么取得胜利？我已经不期待你会成功，而且也不期待你会做得多好。机不可失，时不再来，我对此深感遗憾。”

你可以猜测一下米地将军读到这封信的时候会有什么表情。但是，你可能会感到意外的是，他根本没有收到过这封信，因为这封信林肯并没有寄出去——人们是在一堆文件里发现它的。林肯忘记把这封信寄出去了吗？这是不可想象的。众所周知，这是一封十分重要的信件。

有人回忆了当时的情景：

“这仅仅是我的猜测……”林肯在写完这封信时，心里想道，“当然，也许是我性急了。坐在白宫，我当然能够看得更加清楚，也更加能够指挥若定。但是，如果我在葛底斯堡的话，我成天看见的是因为伤痛而号哭的士兵，或者成千上万的尸骨，也许那样，我就不会急着去攻打李将军了吧！我一定也会像米地将军一样畏缩的。现在，既然事情已经发生了，唯一能做的就是承认它。至于这封信，如果我把它寄出去的话，我想除了让自己感到愉快之外，将不会有任何其他的好处。相反，它会使米地将军跟我反目，迫使他离开军队，或者断送他的前途。这是大家都不愿意看到的。”

于是，林肯把那封已经装好的信搁在了一边。因为他相信，批评和指责所得的效果等于零。

林肯总统从以前总爱指出别人的错误到后来如此宽容的巨大转变，给我们树立了一个榜样。他以自己的切身经验告诉我们：永远不要指责他人的错误。苏格拉底在雅典一再告诫他的门徒说：“我只知道一件事，那就是我什么也不知道。”我可不敢奢望比苏格拉底更高明，所以，我也尽量避免别人说他们错了。我发现这么做很有帮助。

我现在已经不再像以前那样轻易地确定任何事了。20年以前，我几乎只相信乘法表，现在，我开始对爱因斯坦的书里所说的感到怀疑；而20年后，我或许也不再相信这本书里所说的话了。事实上，大多数人都不会进行逻辑性的思考，他们都犯有主观的、偏见的错误。多数人都有成见、忌妒、猜疑、恐惧以及傲慢的心理，而这些缺点将给他们的判断带来影响。

柏拉图曾经告诉人们这样一个方法：“当你在教导他人时，不要使他发现自己在被教导；指出人们所不知的事情时，要使他感到那只是提醒他一时忽略了的事情。你不可能教会他所有的东西，而只能告诉他怎么处理这种事情。”英国19世纪的著名政治家查斯特费尔德对他的儿子这样说：“如果可能，你应该比别人聪明，但绝不能对别人说你更加聪明。”

当然，如果一个人说了一句你认为肯定错误的话，而且指出来对你们的交流会有好处的话，你当然可以指出来。但是，你应该这么说：“噢，原来是这样的。不过我还有另外一种想法，当然，我可能不对——我总是出错。如果我错了，请你务必毫不客气地指出来。让我们看看问题所在。”

如果你确定某人错了，就直截了当地告诉他，那么结果会怎么样呢？让我们来看看具体的事例，因为事例可能更有说服力。

F先生是纽约的一位青年律师，最近参加了一个重要案件的辩论。这个案件由美国最高法院审理。在辩论中，一位法官问F先生：“《海事法》的追诉期限是6年，是吗？”

F先生有些吃惊，他看了法官一会儿，然后直率地说：“审判长，《海事法》里没有关于追诉期限的条文。”

人们顿时安静了下来，法庭中的温度似乎降到了零度。F先生是对的，法官是错的，F先生如实地告诉了法官。但是结果如何呢？尽管法律可以作为F先生的后盾，而且他的辩论也很精彩，可是他并没有说服法官。

F先生犯了一个大错，他当众指出了一位学识渊博、极有声望的人的错误，所以他失败了。他这样做有益于事情的解决吗？事实证明，一点也没有。

即使在温和的情况下，也不容易改变一个人的主意，更何况在其他情况下呢？当你想要证明什么时，你大可不必大声声张。你需要讲究一些策略，使对方在不知不觉中接受你的观点。你可以用这类话，比如“我也许不对”“我有另外的想法”等，这样确实会收到神奇的效果。无论何时，无论何地，不会有人反对你说“我也许不对，让我们看看问题所在”。

詹姆斯·哈维·鲁宾逊教授在《决策的过程》中写了下面一段话，对我们也很有启迪意义。

“……我们会在无意识中改变自己的观念。这种改变完全是潜移默化而不被我们自己注意的。但是，一旦有人来指正这种观念，我们一般会极力地维护它。很明显，这并不是因为观念本身的可贵，而是因为我们的自尊心受到了伤害……我们总是愿意相信我们所习惯的东西。当我们所相信的事物被怀疑时，我们就会产生反感，并努力寻找各种理由为之辩护。结果怎样呢？我们所谓的理智、所谓的推理等，就变成了维系我们习惯的事物的借口了。”

我们在听到他人说话的时候，第一反应往往是进行判断或进行评价，而不是尽力去理解这些话。当别人说出某种意见、态度或想法的时候，我们总是会说“不错”“太可笑了”“正常吗”“这太离谱了”等评论性的话。而我们却很少去了解这些话对说话人有什么意义。在这样的情况下，我们得出的判断可靠吗？当然不可靠。既然自己都不能确信自己就是对的，我们还有资格对别人指手画脚吗？

在这一小节中，我并没有讲什么新的观念。在将近2000年前，耶稣就已经说过：“尽快跟你的敌人握手言和吧！”而在耶稣诞生之前的2000多年前，古埃及国王阿克图给了他儿子一个精明的忠告：“谦虚而有策略，你将无往不胜。”我们似乎也可以这么理解：不要同你的顾客或你的丈夫争论，不要指责他错了，不要刺激他，你需要讲究一些策略。所以，如果你想成为一位说话高手，请记住第一项修炼：尊重别人的意见，千万不要指责别人的错误。

当你想与人争辩时，不妨想一想：

（1）争辩只能使你得不偿失，逞一时之快不会给你带来更多的好处。

（2）你可以不同意他人的意见，同时你也要想一想，他人也可以不同意你的意见。

（3）判断别人的对错，不一定要根据自己的原则，可以试着用他人的原则，可以设身处地地想一想。

（4）在你指出他人的过错之前，想一想这样做是否有好处。

第二项修炼：犯了错误要勇于承认

卡耐基的忠告：一个有勇气承认自己错误的人，也可以得到某种满足感。这不仅是消除罪恶感和自我辩护的气氛，而且有利于解决实质性问题。

我当时住的地方，几乎处于纽约市的中心，但从我家中步行不到一分钟的距离，就有一片森林。我常带着我的波士顿哈巴狗瑞克斯到园中去散步，它是一只和善无害的的小犬；并且因为在园中不常遇见人，我总是不加皮带或口笼。

有一天，我们在公园中遇见一位骑着马的警察——一个急于要显示他的权威的警察。

“你让那狗不戴口笼不用皮带在园中乱跑，是什么意思？”他责问我，“你不知道那是犯法的吗？”

“是的，我知道那是犯法的，”我轻柔地回答说，“但我想它在这里不至于有什么伤害。”

“你想不至于！你想不至于！法律不管你怎样想。那狗也许会伤害松鼠，或咬伤儿童。这样，这次我放你过去，但如果我再在这里抓住这狗不戴口笼，不系皮带，你就得去和法官讲话了。”我谦逊地应许遵守他的命令。

而我的确也真实地遵守了几次，但瑞克斯似乎不喜欢口笼，我也不喜欢，所以我们决意去碰运气。起初什么都好，可是好景不长，我们就遇到了麻烦。一天下午瑞克斯同我跳过一个小丘，忽然间——我惊惶地看见了法律的权威——骑着一匹栗色马的那位警察。瑞克斯在前面奔跑着，正向着那警察冲去。

我知道没有办法了，所以没等到警察开始说话，我先发制人。我说："警官，你已当场把我抓住了，我是犯了法，我没有托词，没有借口。你上星期警告我如果我再把没有口笼的狗带到这里，你就要罚我。"

"哦，现在，"这警察用温柔的声调说，"我知道周围没有人的时候，让一只小狗在这儿跑，是一件诱人的事。"

"那真是一种引诱，"我回答说，"但那是犯法的。"

"像那样的一只小狗不会伤人。"警察辩护说。

"不，但它也许会伤害松鼠。"我说。

"哦，现在，我想你对这事太认真了，"他告诉我说，"我告诉你怎样办，你只要使它跑过那土丘，使我看不见它——我们将这事忘却就算了。"

和平常人一样，这位警察先生也希望得到一种自重感，所以当我开始责怪自己的时候，唯一能增加他的自尊的方法就是对我表现得宽宏大度。但假如我为自己辩护的话，那结果又将会怎样呢？

我没有和他正面争论，我承认他绝对是正确的，我是绝对错误的，我爽快地、坦白地、真诚地承认这点。我站在他的立场上说话，于是他也就反过来为我说话。而仅在一星期之前，这位警察还曾以法律的制裁来威吓我。

假如我们知道自己免不了要受到责备的话，为什么不抢先一步，积极主动地认错呢？难道自己责备自己，不比别人的斥责要好受得多？

乔治·华盛顿总统在很小的时候就显示出了许多优秀的品格。他家的种植园中种有许多果树。有一次，乔治的父亲华盛顿先生从大洋对岸买了一棵品种上佳的樱桃树。华盛顿先生非常喜爱这棵樱桃树，他把树种在果园边上，并告诉农场上的所有人要对它严加看护，不能让任何人碰它。

一天，华盛顿先生交给乔治一把锋利的小斧子，让他去清理杂树，然后自己就出去了。乔治十分高兴自己拥有一把锋利的小斧子，拿着它在种植园中乱砍杂树。可能是因为太高兴了，他一不小心就砍倒了那棵樱桃树。

那天傍晚，华盛顿先生忙完农事，把马牵回马棚，然后来果园看他的樱桃树，没想到，自己心爱的树居然被砍倒在地。他问了所有人，但谁都说不知道。就在这时，乔治恰巧从旁边经过。

“乔治，”父亲用生气的口吻高声喊道，“你知道是谁把我的樱桃树砍死了吗？”

乔治看到父亲如此愤怒，他意识到是自己的一时冲动闯了祸。他哼哼唧唧了一会儿，但很快恢复了神志。“我不能说谎，”他说，“爸爸，是我用斧子砍的。”

华盛顿先生这时候已经冷静了下来，他问乔治：“告诉我，乔治，你为什么要砍死那棵树？”

“当时我正在玩，没想到……”乔治回答道。

华盛顿先生把手放在孩子肩上。“看着我，”他说道，“失去了一棵树，我当然很难过，但我同时也很高兴，因为你鼓足勇气向我说了实话。我宁愿要一个勇敢诚实的孩子，也不愿拥有一个种满枝叶繁茂的樱桃树的果园。一定要记住这一点，儿子。”

乔治·华盛顿从未忘记这一点。他一直像小时候那样勇敢、受人尊敬，直至生命结束。

我们中的大多数人都像乔治·华盛顿一样，从小就被教育要诚实，但很遗憾的是，我们中的大多数人已经做不到这一点了。当然，我们可以找出各种理由来为自己辩解，来使自己能够既撒谎又心安理得。在多数情况下，我们为了维护自己的尊严，或者出于自我保护而拒绝承认自己的错误，即使承认错误不会给我们带来任何惩罚——拒绝承认错误好像成为了一种下意识的行为，就算我们并不清楚是为什么。

这是一种可怕的行为。如果你确认自己犯了错误，唯一能做的就是承认它。这并不会给你带来多么严重的后果。愚蠢的人总会想办法为自己的错误辩解或者掩饰，而聪明的人却恰恰相反，他们通常会毫不掩饰地承认自己的错误，因为这会给他带来更多的东西。

一个有勇气承认自己错误的人，也可以得到某种满足感。这不仅只是消除罪恶感和自我辩护的气氛，而且有利于解决实质性问题。在纽约的一家汽车维修店里，曾经发生过一件勇敢地承认自己错误的事情。

布鲁士新进这家维修店不久，就因为热情的工作态度得到了老板和同事们的一致好评。

但是有一天，布鲁士由于一时大意，把一台价值5000美元的汽车发动机以2500美元的价格卖给了一位顾客。同事们给他出主意，让他立即追回那位顾客：如果追不回，还可以私下里垫上这2500美元。可是布鲁士觉得这些方法都不好，他决定向老板承认错误。那些同事阻止他，认为他这么做简直太蠢了，因为这会导致他失去这份工作。但是布鲁士却坚持自己的意见。

布鲁士拿着一个装了钱的信封来到了老板的办公室。"对不起，布朗先生，"布鲁土说道，"今天，由于个人的原因，我犯了一个很大的错误，使维修店损失了2500美元。我为我犯了这样的错误而感到羞耻，并打算辞去这份工作。在走之前，我打算把这笔损失补上。这是我的2500美元赔款，请您收下。"

老板听后，沉默了一会儿，然后对布鲁士说："你真的打算这么做吗？"

"是的，布朗先生，"布鲁士回答道，"我把发动机的价格搞错了，确实是我犯下了这个错误，因此只有我自己来承担这个责任。我本来可以去找那位顾客，但是这样会损害维修店的声誉。而我对这件事情负有全部的责任。因此，我只能这么做。"

布鲁士这种勇敢承认自己错误的行为打动了老板。他知道，任何人都会犯错误，关键是要有承认和改正自己错误的勇气。所以，老板并没有批准布鲁士辞职，而是给了他更大的发展空间，也更加器重他，而布鲁士则因为勇敢地承认自己的错误而获得了比500美元多得多的东西。

很多人也会为自己的错误做辩护——而且大多数愚蠢的人也正是这样

做的。而敢于承认自己错误的人，都会获得别人的谅解，给人以谦恭而高尚的印象。

艾伯·赫巴是一位全国（指美国）都为之敬仰的最有创造性的作家，他的讽刺性文字常引起别人强烈的反感。但是，赫巴却常常用他那罕有的待人处世技巧，变仇敌为朋友。例如，当一些恼怒的读者写信来表示不同意他的某篇文章，并在末尾痛骂他一顿时，赫巴就会这样回答对方：

“细想起来，我自己也不完全同意我自己。我昨天所写的东西，今天我也不一定全都满意。我很高兴知道你对这类问题的看法，如果下次你到附近来的时候，欢迎大驾光临，我们可以相互交流，遥祝平安。”

面对一个如此待你的人，你还能说什么？当我们是对的时候，我们要温和、巧妙地使别人赞同我们；当我们是错的时候，我们要迅速而诚挚地承认我们的错误。这不但能产生惊人的效果，而且在许多情形之下，要远远胜过你为自己辩护。

史狄芬是一家裁缝店的老板，由于他经营有道，裁缝店的生意很好。一天，一位叫哈里斯的贵妇人来到店里，要求赶做一套晚礼服。史狄芬做完礼服之后，却发现礼服的袖子比要求的长了半寸。不幸的是，他已经没有时间再进行修改了，因为哈里斯太太规定的时间已经到了。

当哈里斯太太来到店里取她的晚礼服的时候，她并没有发现有什么问题。她试穿上晚礼服，发现它为自己平添了许多气质，于是连连称赞史狄芬的高超手艺。不料，等她试完之后打算按照原定的价格付钱时，史狄芬却拒绝接受。于是，哈里斯太太问他为什么。

“太太，”史狄芬说，“我之所以不能收你的钱，是因为我犯了一个很大的错误——我把你的晚礼服的袖子做长了半寸。我很抱歉，我希望你能够原谅我。如果你能够给我一点时间的话，我将免费为你把它做成你需要的尺寸。”

哈里斯太太听完话后，一再强调她对这件礼服很满意，而且并不在乎袖子长那么半寸。但是，她却无法说服史狄芬接受这套礼服的钱，最后，她只得让步。

哈里斯太太回去对她的丈夫说："史狄芬以后一定会出名的，他认真的工作、精湛的技术、诚恳的态度使我坚信这一点。"

事实果然如此，史狄芬后来成为了世界有名的服装设计师。

不要忘记了这句智慧之语："用争斗的方法，你永远不会得到满足；但用让步的方法，你的收获将比你期望得更多。"这个道理人人都懂，只是实行起来有一些困难罢了。我想要强调的是，如果你确实想要成功，成为一位说话高手，请记住第二项修炼：如果你错了，就一定要迅速而坦诚地承认自己的错误。

主动承认错误只会给你加分：

（1）有错就勇敢地承认，这正是所有伟大的人物所具有的高尚品格。

（2）不要害怕别人会笑话你主动承认错误，事实上，如果你不承认的话，他们不但会给你指出来，而且更容易讥笑你的怯懦和虚伪。

第三项修炼：不要与人争辩

卡耐基的忠告： 天下只有一种方法能得到辩论的最大胜利，那就是像避开毒蛇和地震一样，尽量去避免辩论。

辩论产生的结果只能是失败，永远无法获胜。即使表面上你取得了胜利，实际上却与失败没有什么区别。因为就算你在辩论会上胜了对方，把对方驳得体无完肤，甚至指责对方神经错乱，可是结果又会怎么样呢？你自然逞了一时之快，自然很高兴，但是对方却会感到自卑。你伤了他的自尊，他会对你心怀不满。这就是本节我所要讲述的观点。

在第二次世界大战后不久，我在伦敦学到了一个极为重要的教训。那时，我是澳大利亚飞行家詹姆斯的经理人。在大战期间和结束后不久，詹姆斯成为了世界瞩目的人物。一天晚上，我参加了欢迎詹姆斯的宴会。在席间，一位坐在我右边的先生给我们讲了一段诙谐的故事，这个故事正好印证了这样一句格言："谋事在人，成事在天。"但是，这句话的出处，这位先生却记错了。

他指出这句话出自《圣经》，而我恰好知道这句话出自莎士比亚的作品。于是，为了显示自己的优越，我讨人嫌地、毫无顾忌地纠正了他的错误。然而那人却坚持他的说法："什么？那句话出自莎士比亚？不可能，绝对不可能。”他非常的自信，并坚持自己的说法。

当时，坐在我左边的是我的老朋友加蒙，他是一个研究莎士比亚的专家。我们让加蒙来决定我们谁是正确的。加蒙在桌子底下踢了我一脚，然后说：“卡耐基，你是错的，这句话的确出自《圣经》。”

宴会之后我们一起回家。我责怪加蒙说：“你明明知道那句话是出自莎士比亚之口，为什么还要说我不对呢？”

“是的，一点都不错，”加蒙说，“那是莎士比亚的《哈姆雷特》第五幕第二场中的台词。可是卡耐基，我们都是这个宴会上的客人，为什么我们一定要找出一个证据，去指责别人的错误呢？你这样做会让别人对你产生好感吗？你为什么不能给他留一点点面子呢？他并不想征求你的意见，也不想知道你有什么看法，你又何必去跟他争辩呢？你应该永远都不要和他人正面冲突！”

“永远不要和他人发生正面冲突”，说这句话的人现在已经不在这个世界上了，可是我会永远记住这句话。这个教训给了我极大的震动。我原来是一个固执己见的人，从小就喜欢跟人辩论。读大学的时候，我对逻辑和辩论十分感兴趣，经常参加各种辩论比赛。后来，我在纽约教授辩论课，甚至还计划着手写一本关于辩论的书。现在，我一想起这些事，就会感到十分羞愧。那天之后，我又聆听了数千次辩论，并且十分注意每次辩论会之后产生的影响。我得出一个结论，它也是一个真理：天下只有一种方法能得到辩论的最大胜利，那就是像避开毒蛇和地震一样，尽量去避免辩论。

我还发现，在辩论之后，十有八九，各人还是会坚持自己的观点，相信自己是绝对正确的。你赢不了争论！要是输了，当然你也就输了；但是即使你胜了，你还是失败的。为什么？如果你胜了对方，把他驳得体无完肤或千疮百孔，证明他毫无是处，那又能怎样呢？你也许会扬扬得意，但是他却因为蒙羞而怨恨你的胜利。“一个人即使口头认输，但心里根本不服。”

多年以前，有一位争强好胜的爱尔兰人哈里先生参加了我的辅导班。他受过的教育虽然很少，但却非常喜欢与人争论！他曾给别人当过汽车司机。

后来，他改行推销载重汽车，但是并不怎么成功，便到我这里来求助。我稍微询问了他几句，就可看出，他总是同他的顾客争辩，并冒犯他们。假如有某位买主对他推销的汽车有所挑剔，他就会怒火难耐，和对方大声强辩，直到把对方驳得哑口无言。

那时他的确赢过不少次争论。后来他对我说："每当我走出人家的办公室时，总对自己说'我总算把那家伙教训了一次'。我的确教训了他，可是我什么也没有推销出去。"

因此，我的第一个难题不只是教哈里如何与人交谈，现在我立即要做的是训练他如何克制自己不要讲话，避免与人发生争执。现在，哈里先生已经是纽约怀特汽车公司的一位明星推销员了。他是怎么取得成功的呢？下面是他自己叙述的经过：

"假如我现在走进一个顾客的办公室，而他却说'什么？怀特汽车？它们可不怎么样！你白白送给我，我都不要。我只买某某牌的汽车'。我说：'请听我讲，老兄，那种汽车的确很不错，你买那种汽车绝对错不了。那家公司的汽车质量可靠，而且推销员也很优秀'。"

"于是，他就无话可说了。他没有和我争辩的余地了。如果他说某某牌的汽车最好，我说确实不错，那么他就只好住嘴不说了。既然我同意了他的看法，他当然也就不能整个下午不停地说'某某牌的汽车最好'了。于是，我们不再谈某某牌的汽车，我开始向他介绍怀特汽车的优点。"

"我若是在当年听到他那样的话，一定会大发脾气。我会立即和他吵起来，挑剔某某牌汽车。而我越是挑剔贬低它，我的顾客则会越卖力地辩护，他越这样辩护，就越坚信和喜欢我的竞争对手的产品。现在回想起来，我真的不知道我一辈子究竟能卖出多少东西。我把自己一生中的许多时间都耗费在与别人抬杠上了。现在我缄口克己，很是有效。"

正如睿智的本杰明·富兰克林常说的："如果你争强好胜，喜欢与人争执，以反驳他人为乐趣，或许能赢得一时的胜利，但这种胜利毫无意义和价值，因为你永远得不到对方的好感。”所以，你自己应该仔细考虑好：你宁愿要一个毫无实质意义的、表面上的胜利，还是希望得到一个人的好感？要知道，你不能两者兼得。

巴恩互助人寿保险公司为他们的职员定下了这么一条规定：不要争辩。他们认为，一个好的推销员是不会跟顾客争辩的，即使是与最平常的意见不合，也应该尽量避免。因为人的思想是不容易改变的。

在威尔逊总统任职期间担任财政部长的玛度，以他多年的从政经验告诉人们一个教训：“我们绝不可能用争论使一个无知的人心服口服。”而如果要我说的话，我认为，你别想用辩论改变任何人的意见，而不只是无知的人。

所得税顾问派逊先生，曾经为了一笔9000美元的账目问题和一位政府税收稽查员争论了一个小时。派逊的意见是，不应该征收人家的所得税，因为这是一笔永远无法收回的呆账。而那位稽查员却认为必须要缴税。派逊在讲习班上讲了后来的情形：

“他冷漠、傲慢、固执，跟这种人讲理，就如同在讲废话。越跟他争辩，他越是固执己见。后来我决定不再继续跟他争论下去，于是就换了个话题，还赞赏了他几句。‘由于你处理过许多类似的问题’，我这样对他说，‘所以这个问题对你来说肯定是小菜一碟。而我虽然也研究过税务，但不过是纸上谈兵。你当然知道，这些是需要实践经验的。说实在话，我非常羡慕你有这样的一个职务，这段时间让我受益匪浅’。”

“当然，我跟他讲的，也都是实在话。那位稽查员挺了挺腰，就开始谈他的工作，讲了许多他所处理的舞弊案件。他的语气渐渐平和下来，接着又说到自己的家庭和孩子。临走的时候，他对我说他打算回去再把这个问题考虑一下。三天后，他来见我，说那笔税按照税目条款办理，不再多征收。”

人性中存在着这么一个弱点，即人人都希望得到别人的认同。当派逊跟他争辩的时候，他显得十分有权威，希望以此来建立自尊，而当派逊认同他的时候，他就随即变成了一个和善的、有同情心的人，从而自然而然地停止了争论。

释迦牟尼说过："恨永远无法止恨，只有爱才可以止恨。"因此，误会不能用争论来解决，而必须运用一定的外交手腕和给予别人的认同来解决。

有一次，林肯曾经这样斥责一位与同事争吵的军官："一个成大事的人不应处处与人计较，也不应花大量的时间去和他人争论。无谓的争论不仅会有损你的教养，而且会让你失去自控力，尽可能对别人谦让一些。与其挡着一只狗，不如让它先走一步。因为如果被狗咬了一口，就算你把这只狗打死，也不能治好你的伤口。"

林肯的这句话也应当成为你行动的准则，所以，要想成为说话高手的第三项修炼就是"避免与人争论"！

争辩只会给你减分：

（1）真正的推销术不是争论，即使是不露声色的争论。因为人们的看法并不会因为争辩而有所改变。

（2）在你打算开口争辩之前，想想对方说的确实也很有道理。

（3）真理有时候并非越辩越明。

（4）不要直接指出他人的错误，因为这可能会给你带来一场无聊的争论。

第四项修炼：鼓励对方多说话

卡耐基的忠告： 要知道，有时候话说得太多跟不说话的效果差不多。

如果你不同意他的观点，你可能会想阻止他，但千万不要这样做，那将是十分危险的。因为当他还有许多意见急着要发表的时候，他绝不会注意你的观点。所以，要有耐心，并以宽广的胸襟去倾听，要诚恳地鼓励对方充分地发表他的意见。

费利普阿穆曾经说：“我宁愿成为一个说话高手而不愿成为一个大资本家。”我们不妨相信他所说的话——他的话并不代表他不想拥有更多的钱，而是他认为成为一个说话高手将使他成为资本家变得更加容易，或者成为资本家比不上拥有高超的说话技巧让他更加快乐。

的确，成为说话高手几乎是每个人梦寐以求的事情。所有的获取快乐的手段，都比不上能够随心所欲地表达自己的想法。我相信，如果让林肯在成为一个不会说话的天才和拥有卓越口才的普通人之间进行选择的话，他会更加愿意选择后者。不过，幸运的是，他同时拥有这两者。但是，毕竟像林肯这样的人不多，即使只是作为一个伟大的演说家的林肯——而不管他其他杰出的才能——也屈指可数，更多的是那些每天都为说话而苦恼的人。大多数人都不是说话高手——如果情况相反的话，我相信这个世界会变得更加迷人——他们有的由于无法与妻子沟通导致家庭破裂，有的在谈判桌上败下阵来，有的无法向朋友清楚地表达自己的感受，更多的则是兼而有之。

“如何让自己成为一个说话高手而不仅仅是会说话而已？”那些卡耐基口才训练班的学员在一开始经常问我这样一个问题。

“这并不难，”我说，“只要你们掌握了一些训练方法。”

几年前，美国最大的汽车制造公司之一，正在洽谈订购下一年度所需要的汽车坐垫布。三个重要的厂家已经做好了垫布的样品。这些样布都已经得到汽车公司高级职员的检验，并发通告给各厂家，说各厂家的代表可以在某一天以同等条件参与竞争，以便公司最终确定申请方。

其中一个厂家的业务代表R先生在抵达时，正患有严重的喉炎。“当我参加高级职员会议时，”R先生在我班上叙述他的经历时说，“我嗓子哑了，我几乎发不出一点声音。我被领到一个房间，与纺织工程师、采购经理、推销经理以及该公司的总经理当面会晤了。我站起来想尽力说话，但我只能发出嘶哑的声音。他们都围坐在一张桌子边上。所以我在纸上写道：‘各位，我的嗓子哑了，我不能说话。’”

“‘让我替你说吧。’对方总经理说。他真的在替我说话。他展示了我的样品，并称赞了它们的优点。围绕我的样品的优点，展开了一场热烈的讨论。由于那位总经理代表我说话，因此在这场讨论中，他站在我这一边，而我在整个过程中只是微笑、点头以及做几个简单的手势。”

“这个特殊会议的结果，是我得到了这份合同，和对方签订了50万码的坐垫布，总价值为160万美元——这是我曾获得的最大的订单。我知道，如果我的嗓子没有哑，说不定我就会失掉那份合同，因为我对于整个情况的看法是错误的。我很偶然地发现，让别人多说话是多么有益！”

交易成功的关键在于，如果你希望别人买你的商品，最好的办法莫过于让他们自己说服自己。在很多情况下，你不能直接向顾客推销你的商品，而要让他们在心底里觉得你的商品确实很有优势，从而主动来买你的商品。

很多人急于让对方明白自己的意见，话说得太多了。要知道，有时候话说得太多跟不说话的效果差不多。大多数人想使别人同意他们的观点，可是他们自己的话却说得太多了。你难道比他们自己更了解他们吗？既然不是，为什么不让对方自己说出来呢？所以，在必要的时候，向他们提一些问题，让他们告诉你一些事情。这样做将会使你们的交流更加有效果。

如果你并不同意对方的观点，你可能想去反驳他。可是你千万不要这么做，因为这将是非常危险的。当一个人急于把自己的观点表达出来的时候，他绝对不会注意别人的观点。在这个时候，你要做的事情就是听听他有什么观点，鼓励对方充分地发表自己的意见。

让对方说话，并不只是在商业领域起到了它的作用，也有助于别的方面。比如，它可以帮助你处理家庭中的一些矛盾。

芭芭拉·威尔逊是卡耐基训练班的学员，她和她的女儿罗瑞的关系近段时间迅速恶化。罗瑞以前是个十分乖巧和听话的孩子，但是当她十几岁的时候，却与母亲产生了许多矛盾，拒绝与母亲合作。威尔逊夫人曾试图用各种方法威吓、教训她，但是都无济于事。

“她根本不听我的话，我几乎放弃了所有的努力。有一天，她家务活还没做完，就去找她的朋友玩。当她回来的时候，我照旧骂了她。我已经没有耐心了，我伤心地对她说‘罗瑞，你为什么会这样呢’。”

“罗瑞似乎看出了我的痛苦。她问我‘你真想知道吗’。我点头。于是她开始告诉我以前从未跟我说过的事情：我总是命令她做这做那，从来没有想过要听她的意见，当她想跟我谈心的时候，我却总是打断她。我认识到，罗瑞其实很需要我，但她希望我不是一个爱发命令、武断的母亲，而是一个亲密的朋友，这样她才能倾诉烦恼。而以前，我从未注意到这些。从那以后，我开始让她畅所欲言，而我总是认真地听。现在，我们成了好朋友。她告诉了我她的心事，我们的关系大大改善。她也再次成为一个愿意合作的孩子。”

这样的方法对于你的求职也很有帮助。

纽约《先锋导报》刊登了一则招聘广告，他们需要聘请一位有特殊能力和经验的人。查尔斯·克伯利斯看到广告后，把他的资料寄了出去。几天之后，他收到了约他面谈的回信。

“如果能在你们这家有着如此不凡经历的公司做事，我将会十分自豪。听说在28年前，当你开始创建这家公司的时候，除了一张桌子、一间办公室、一个速记员之外什么都没有，简直难以置信。这是真的吗？”在面谈的时候，克伯利斯对与他面谈的老板这样说。

实际上，每个成功的人都喜欢回忆自己早年的创业经历，并且十分高兴别人能听他讲下去。这个老板也不例外。他跟克伯利斯谈了很久，谈了他如何依靠450美元现金开始创业，每天工作12到16个小时，在星期日及节假日照常工作，以及他最后终于战胜了所有的困难。最后，这位老板简单地问了克伯利斯的经历，然后对他的副经理说：“我想他就是我们正在寻找的人。”

克伯利斯成功的原因可能没有这么简单，但是有一点十分重要：他聪明地提出了一个对方十分感兴趣的问题，并且鼓励对方多说话，因此给了老板很好的印象。

法国哲学家罗司法考说过：“如果你想结仇，你就要比你的朋友表现得更加出色；但如果你想要得到朋友，那就要让你的朋友表现得更出色。”他的意思是，当你的朋友胜过你时，他们就会产生一种自重感，但是如果相反，他们就会产生一种自卑感，并且开始对你猜疑和忌妒。这真是一个真理，我们看看一则发生在职场中的案例。

亨丽塔女士是纽约市中区人事局里与别人关系最融洽的工作介绍顾问。但是一开始有好几个月，亨丽塔在同事中连一个朋友也没有。

“我的工作干得确实很不错，我一直很骄傲。”亨丽塔在我的班上说，“奇怪的是，同事们不但不愿意跟我分享我的成绩，而且似乎很不高兴。而我渴望和他们做朋友。在上了这种辅导课之后，我开始按照它去做了，我开始少谈自己，多听同事们说话。我发现，其实他们也有许多值得夸耀的事。

对他们而言，把他们的事情告诉我，比听我的自吹更能让他们高兴。现在，每次我们在一起聊天的时候，我都会让他们告诉我他们的故事，共同分享他们的故事。只有当他们问及，我才略微地谈论一下我自己。”

有时候，弱化我们自己的成就会使人喜欢你。在德国有句非常有趣的俗语，大意是：最大的快乐，便是从我们所羡慕的强者那里发现弱点，从而让我们得到满足。这也许正是因为人性的弱点所使。但是，你要相信，也许你的一些朋友会从你的挫折或弱点中得到更大的满足。

我们应该谦虚，因为你我都没有什么了不起的。你我都会死去，在百年之后完全被人忘得一干二净。生命如此短暂，我们不应对自己那小小的成就念念不忘，使人厌烦。相反，我们要鼓励别人多说话。想想吧！无论怎样，其实你也没有多少东西可以吹的。

一位律师在证人席上对埃文·考伯说：“考伯先生，我听说你是美国最著名的作家，是这样吗？”考伯回答说：“我不过是徒有虚名罢了。”考伯的回答方法是正确的。你或许不知道是什么使我们不至于成为白痴，那并不是什么了不起的东西，只是你甲状腺中值5美分镍币的碘而已；而如果没有那点东西，我们就会成为白痴。我们都没有什么了不起的。因此，如果你希望别人的看法跟你一致，使你们的谈话进入佳境，如果你想成为说话高手，那么请记得第四项修炼法则：让对方多多说话，多鼓励他们谈论自己的事情。

让对方多说，好处多过自己说：

（1）让对方说话，不仅有利于在商业方面赢得订单，而且有助于处理家庭当中的一些纠纷。

（2）即使是我们的朋友，他们也不愿意我们多夸耀自己的过去，而宁愿谈论他们的成就。

（3）也许你的听众很认真地在听你的谈话，但是也许他们没有真的在认真听。因此，最好让他也说说话。

（4）我们可以在他人的谈话中找到你打算继续的话题。

（5）你已经说了一些话的时候，停下来，休息一下，让别人也说说话。这不仅让你自己的嘴巴休息，也让自己的大脑得到了休息——不要让它们工作太久。

第五项修炼：引导对方多做肯定的回答

卡耐基的忠告： 如果一开始的时候就使一位学生、顾客或你的孩子、妻子说“不”，那么，即使你有神仙般的智慧和耐心，也无法使那种否定的态度变为肯定。

詹姆斯·艾伯森发现，一旦让那个顾客开始就说“是，是”，顾客便忘了他们之间的争执，并且愿意做自己所建议的事。如果让人一开始说“不”，会有什么后果呢？我们来看看阿弗斯特教授在他的《影响人类的行为》一书中所说的一段话：

“一个‘不’的反应，是最难克服的障碍。人只要一说出‘不’，他的自尊心就会促使他固执己见。当然，也许以后他会觉得‘不’是不恰当的，然而一旦他考虑到宝贵的自尊，他就会坚持到底。所以，一开始就让人对你采取肯定的态度极为重要。”

他接着说，人的这种心理模式显而易见。当一个人说了“不”以后，如果他的内心也加以否定，他全身的各个组织都会协调起来，一起进入一种抗拒状态，反过来，如果他说了“是”，情况就会恰好相反——他的身体就会随之处于前进、接受和开放的状态，这将有利于改变他的看法或意志，使谈话朝积极的方向发展。

如果一开始的时候就使一位学生、顾客或你的孩子、妻子说“不”，那么，即使你有神仙般的智慧和耐心，也无法使那种否定的态度变为肯定。正是这种“是，是”的方法，使得纽约格林尼治储蓄所的出纳员詹姆斯·艾伯森挽回了一位主顾，否则他就会失去这笔生意。幸运的是，詹姆斯·艾伯森在卡耐基培训课中接受了相关的培训，他懂得了这个方法。

“那天，”詹姆斯·艾伯森回忆说，“这个人走进来要开户，我让他先填写一些表格，其中有些问题他愿意回答，另外一些他根本不想回答。如果在以前，遇到这种情况，我会告诉这位顾客，如果他不向我们提供这些资料，我们就会拒绝为他开户。那样的‘警告’使我很愉快，因为这好像在说只有我说话才算数。但是，显而易见，这样的态度将使我们的顾客有不被重视的感觉。”

“因为上了训练班的有关课程，我决定不跟他谈银行的规定，而是谈顾客的需要。所以，我同意了他的做法。我告诉他说，那些他拒绝填写的内容并不是绝对必要的。‘但是，’我引导他说，‘假如你去世，你不希望把存在我们银行的钱转移给你的亲属吗’？”

“‘当然。’他说。”

“‘难道你认为，’我继续说，‘将你最亲近的亲属的一些资料告诉我们，使我们能够在你万一去世的时候准确无误地实现你的愿望，不是一个很好的办法吗’？”

“‘是的。’他又说。”

“就这样，最后他终于相信我们要这些资料的目的是为了他，他的态度就转变了。他不仅把他自己的全部资料告诉了我，还根据我的建议，开了一个信托账户，指定他的母亲为受益人，并爽快地填写了关于他母亲的详细资料。”

想得到对方的肯定其实并不难，只是人们忽略了如何去做。人们总是希望一开始对方就同意自己的看法，如果别人不同意的话，就急切地想驳倒对方，以获得对方的认同。他们或许认为这样做能够显示出自己的高明和突出。然而不幸的是，这种态度往往会适得其反。所以，最好的办法就是，一开始就让对方说“是，是”。

西屋公司的推销员雷蒙负责推销的区域内有一位富翁。雷蒙的前任和他花了13年的时间对这位富翁进行推销，但是直到最近，才使这位富翁答应购买了几部发动机。而当雷蒙再次去拜访他的时候，他却声称以后不会再订购西屋公司的发动机了，原因是他认为这些产品太热，不能把手放在上面。

雷蒙知道如果与他争辩的话，无疑会是徒劳。于是雷蒙打算找出让对方说“是”的方法来。雷蒙对那位富翁说：“史密斯先生，我完全同意你的看法。如果我公司的发动机确实过热的话，你不应该再买。你花了钱，当然不希望买到热量超过标准的发动机，是不是？”

“是的。”史密斯说。

“你知道，”雷蒙接着说，“电工行会的规定是，一架标准的发动机的温度不能比室内温度高72华氏度，是这样吗？”

“是的。可是你的发动机却高出了这一温度。”史密斯说。

“你工厂的温度是多少？”雷蒙问他。

“75华氏度。”史密斯想了一会儿然后说。

“这就对了，”雷蒙笑着说，“75华氏度加上72华氏度等于147华氏度。如果你将手放在147华氏度的水里，你会不会被烫伤呢？”

史密斯不得不说：“会的。”

“那么，”雷蒙继续说，“我建议你最好不要把手放在147华氏度的发动机上面。”

“我想你是对的。”史密斯说。接着他们又谈了一会儿，最后，史密斯答应在下个月订购西屋公司35000美元的产品。

雷蒙总结说：“我最后才知道，争辩不是聪明的办法。我们要站在对方的立场上去看问题，要设法让对方说‘是，是’，这才是真正的迈向成功的方法。”

伟大的苏格拉底是历史上赫赫有名的思想家，他被称为“雅典的牛蝇”，是一个赫赫有名的“老小孩”。虽然如此，他所做的事情没有几个人能够做到，他彻底改变了人类的思想进程，同时也是最影响这个世界的劝导者之一。他的方法是告诉别人他们是错误的吗？当然不是。他的方法被称为“苏格拉底辩论法”，就是以对方肯定的答复作为这种方法的辩论基础。他提出的每一个问题，都会得到别人的赞同。然后，他连续不断地发问，直到最后，他的反对者不知不觉地发现，自己所得到的结论竟然是几分钟前还坚决反对的。

这是不是很神奇呢？是的，但是如果你愿意的话，你也可以做到。方法很简单，那就是记住一开始的时候，要不断地让对方说“是，是”，千万不要让他说“不”。

因此，在跟人交谈的时候，不要一开始就谈论一些你们可能有分歧的事，你应该先强调你们都同意的事，并且需要不断地强调。然后，强调你们双方都在追求同一目标，试着让对方知道，即使你们有分歧，那也只是方法上的分歧，而不是目标上的。你应当时刻记得这位“雅典的牛蝇”给予我们的智慧和启迪，首先问一个温和的问题——一个能得到“是，是”的反应的问题。中国有句充满了东方人悠久智慧的格言：“轻履者行远。”这句话学问极深，聪明至极，积累了极其丰富的人生经验。

因此，如果你想成为一位说话高手，请记得第五项修炼方法：让对方立刻给予你“是，是”的答复。

如何占据沟通的主动权：

（1）如果你问到了一个对方可能回答“不”的问题，不妨巧妙地换一个问题。

（2）从最基本的问题——一个能轻易得到“是，是”回答的问题——问起，不要吝于做这么简单的事情。

（3）你要抓住事情的关键，把你最基本的问题巧妙地引导到关键的问题上来。

（4）你要让对方心悦诚服，而不是感觉自己钻进了你的陷阱。

第六项修炼：可以随口喊出对方的名字

卡耐基的忠告：如果想要给人好感，最简单、最明显而又最重要的方式，莫过于能够随口喊出对方的名字。

要想记住别人的名字，有时的确是一件很难的事情，尤其是当这个人的名字不太好记的时候。一般人都不愿去记这种难记的名字，都会心想："算了，干脆就叫他的昵称得了，而且很容易记住。"可是，你是否想过，一旦你牢记别人的名字时，将会产生什么样的效果呢？

希德·李维是我的一位学员，他曾经拜访过一位顾客，这位顾客的名字特别难记，叫尼古德玛斯·帕帕都拉斯。由于这个名字太难记，别人都管他叫"尼克"。

李维告诉我说："在我去拜访他之前，我特别用心地记住了他的名字。当我见到他时，用他的全名来称呼他。我这样对他说'早上好，尼古德玛斯·帕帕都拉斯先生'。只见他一言不发地站在那里，愣了好几分钟都没有缓过神来。最后，他的泪水流了下来，声音颤抖地对我说'李维先生，我在这个国家已经待了15年，可是从来没有一个人愿意用我真正的名字像您这样称呼我'！"

有钱人常常出钱资助那些穷困的作家、艺术家和音乐家。他们希望这些文艺家能够把作品献给他们，使他们的名字随着这些作品得以流传。在我们的图书馆和博物馆里，最有价值的艺术品往往由那些希望人们记住他们名字的有钱人捐赠。比如，纽约图书馆里有埃斯德家族与里洛克家族的藏书，大都会博物馆则保存着本杰明·埃特曼与J. P. 摩根德的签名书信，而几乎每一个教堂里都镶嵌上了彩色玻璃，用来纪念那些捐赠者。

这说明人们总是非常重视自己的名字，并希望别人能够记住。如果想要给人好感，最简单、最明显而又最重要的方式，莫过于能够随口喊出对方的名字。因为这样，你就给了别人受重视的感觉——而据我所知，每个人都希望拥有这种感觉。这种方法可以说是屡试不爽。

“钢铁大王”安德鲁·卡内基成功的原因是什么呢？尽管他被誉为“钢铁大王”，但是他掌握的钢铁知识并不多。他有成千上万的人为他工作，他们在这方面都懂得要比他多得多。之所以会这样，就是得益于他与人交谈、懂得为人处世的原则，这正是他发财致富的奥秘所在。

卡内基10岁时，有一天抓到了一只母兔，不久就生了一窝小兔子，饲料因而不够食用。卡内基如何处理呢？他一点儿也不头痛，他的脑海里早有了很美妙的构想，他把邻近的孩子们集合起来宣布：谁能拔最多的草来喂小兔子，就以他的名字给小兔子命名。于是孩子们都争先恐后地为小兔子寻找饲料，卡内基的计划顺利地实现了。他始终没有忘记这一次的成功，终其一生，他就是利用人们的这种心理成功地领导着许许多多的人。

在商业界，他利用这种方法赚了好几百万美元。例如，他为了把钢铁轨道卖给宾夕法尼亚州铁路公司，就以该公司董事长区格·汤姆森的名字命名，在匹兹堡建立了一座大型钢厂。

有一次，卡内基控制的中央交通公司和普尔门控制的公司，都想得到联合太平洋铁路公司的生意，你争我夺大杀其价。一天晚上，卡内基在圣尼可斯饭店碰到普尔门，卡内基说：“晚安，普尔门先生，我们岂不是在出自己的洋相吗？”“你这话怎么讲？”普尔门说。卡内基把心中的话说了出来，他想把两家公司合并。他又把合作而不互相竞争的好处说得天花乱坠。普尔门专注地倾听着，最后问道："你这个公司要叫什么名字呢？"卡内基立即说："普尔门皇宫卧车公司。"问题就这样顺利地解决了。

卡内基这种记住以及重视朋友和商业界人士名字的方式，是他的卓越领导才能的重要秘密之一。他以能够叫出许多员工的名字而自豪，认为无法记住别人的名字就等于无法记住他的一项很重要的工作。

作为一个政治家，记住选民的名字，往往是他的第一堂课，而如果忘记了他们的名字，你将会很失败。在记住别人的名字方面，富兰克林·罗斯福总统是一个典范。众所周知，罗斯福总统是这个世界上最忙的人之一，但是他知道记住别人名字的重要性，所以舍得花时间去记住那些人。

一次，克莱斯勒公司特意为罗斯福总统制造了一辆汽车，总经理张伯伦和一位机械师将这辆汽车开到了白宫。在张伯伦的信里，他记述了当时的情形：

"我教罗斯福总统如何驾驶一辆配置了许多特殊部件的汽车，而罗斯福总统也教给了我许多为人处世的道理。总统非常高兴我被召入白宫，他立刻就叫出了我的名字，这使我非常高兴。令我印象尤为深刻的是，他确实很注意我为他所做的说明。这辆汽车进行了特殊设计，非常完美，可以完全用手进行操作。总统说'这辆汽车真是太完美了。只要按下这个按钮就可以开动它，而且可以毫不费力地进行驾驶。我不知道它是怎么工作的。我希望自己能有时间对它进行研究，看看它是如何工作的'。"

"当总统的许多朋友和同事都围在四周称赞这辆汽车时，他又当着大家的面对我说'张伯伦先生，你设计这辆车花了大量的时间和精力，非常感谢你。这辆车简直太棒了'！"

"然后，他又对车内的散热器、特制反光镜、时钟、特制的照明灯、椅垫的款式、驾驶座位、刻有他姓名缩写字母的特制衣箱等加以赞赏——他注意到了每个细节，对于我所付出的心血给予了极大的褒奖。他还特意让罗斯福夫人、秘书波金女士、劳工部长等人注意这些部件。他甚至嘱咐他的黑人司机，对他说'乔治，你可要好好照顾这些衣箱'。"

“上完驾驶课程之后，总统对我说‘好了，张伯伦先生，我已经让联邦储备委员会的委员们等我30分钟了。我想我应该回去工作了’。”

“我当时带了一位机械师。这位机械师是一个很害羞的人，在我们说话的时候，他总是站在后面。尽管他自始至终没有和总统说过一句话，而且总统也只听我介绍过一次他的名字，但出乎意料的是，当我们离开的时候，总统特意找到这位机械师，并与他握手，还叫出了他的名字，对他来到华盛顿表示感谢。我能感觉出来，他的感谢一点都不做作，而是真心诚意的。几天之后，我收到了一张罗斯福总统亲笔签名的照片，照片后面还附有简短的对我的帮助表示感谢的言辞。作为一位国家元首，罗斯福总统怎么会有时间来做这样的事情呢？这真的让我难以置信。”

罗斯福总统何以给张伯伦先生如此深刻而美好的印象呢？当然不是因为他是国家元首，而是因为他给了人一种被重视的感觉。为什么他能给人这种感觉？原因很简单：他非常尊重他们，并且记住了他们的名字。

在每个人的事业和商业交往中，记住别人的名字也很重要。

得克萨斯州商业股份有限公司董事长班顿拉夫有这样的感触：公司越大，人们之间的关系就会越冷漠。他认为，记住别人的名字，是唯一能使公司氛围变得融洽的办法。

洛克帕罗是加利福尼亚州一家航空公司的服务员，她经常训练自己记住旅客的名字，并注意在服务时叫他们的名字。这使得旅客感到很亲切。有的旅客会当面表扬她，而有的则会写信到公司表扬她。有一封表扬信这样写道：“我很久没有坐你们公司的飞机了。但是从现在开始，我决定以后只坐你们公司的飞机。你们亲切的服务让我觉得你们公司似乎是属于我个人的，这一点十分重要。”

大多数人常常不记得别人的名字，原因多数是他们没有注意到这件事情的重要性。现在，你既然已经知道记住别人的名字有多么重要，为什么还不花点时间和精力去做这件事情呢？拿破仑的侄子——拿破仑三世曾经说：“虽然我很忙，但是我不会忘记所听过的每个人的姓名。”

这不是因为他的记忆力很强，而是因为他的方法非常好。其实，他的方法十分简单。如果他没有听清楚对方的名字，他就会请求对方再说一遍。如果这个名字不常见的话，他会请求对方把这个名字拼写出来。而在谈话的过程中，他会将对方的名字反复记忆，并把它跟其长相、外表和其他特征结合起来。会见完的时候，他通常会把那个名字写下来，然后盯着它看很久，直到确认自己已经牢牢地记住了它才肯罢休。这样一来，当然记得很牢了。

这样看来，记住别人的名字的确需要花一些工夫，但是这显然是值得的。爱默生说过：“礼貌，是由小小的牺牲换来的。”如果你打算融入这个社会，成为交际场上成功的人，这点牺牲又算得了什么呢？

所以，如果你想成为一位说话高手，请注意第六项修炼：记住别人的名字——这是别人听来最美妙的声音。

一个小细节可以获得大成效：

（1）叫出别人的名字比你费九牛二虎之力去做其他事情更加有效，它将是一件事半功倍的事情。

（2）在你的谈话中直接称呼对方的名字，这样不但会使你对这个名字更加有印象，而且能够拉近你们的距离。

（3）首先你要明白记住别人的名字是一件十分重要的事情，这样你才会注意做这件事。

（4）如果你忘记了别人的名字，在下次见面之前，先通过一些途径打听到他的名字，并且把它记住。

THE ART OF
COMMUNICATION AND
WISDOM OF LIFE

上篇・赢得友谊的沟通艺术

第三章
让别人赞同你的八个完美沟通技巧

技巧一：委婉地指出别人的错误

卡耐基的忠告： 直接指出对方的错误，实际上就是在批评对方。

一天，查尔斯·史考伯经过自己的钢铁厂的时候，撞见几个工人正围在一起抽烟。他们显然忘记了公司禁止吸烟的明文规定，或者像很多犯错误的人一样存在侥幸心理。史考伯先生应该把他们揪出来，然后狠狠地批评他们吗？或者把那块"禁止吸烟"的牌子指给他们看？这都只会让对方感到难堪，并且对史考伯产生怨恨。只见他不动声色地走上前去，发给他们每个人一支雪茄，并对他们说："我们到外面抽去。"

这些工人当然不会跟着史考伯一起出去抽烟，而是对他说："啊，我们忘记公司禁止吸烟的规定了。请你原谅。"然后赶快回到他们的工作岗位上去了。当然，我们能够体会到他们心里的那种复杂的感觉：既为犯了错误而感到自责，又为没有受到惩罚或指责而感到庆幸，同时对史考伯先生也越发尊敬。他们以后一定不会犯同样的错误了。

当你发现对方犯了一个很明显的错误时，为了使对方能够尽快地改正，于是你好心地对他说："看，约翰，你刚才说的有这样一个错误……"你满以为他会感激你，但是结果却让你很意外，甚至让你感到不可理喻——他坚决不承认自己犯了错误，更不用说感激你了。

你没有必要因此而责备对方，这种事情太常见了，几乎每个人都会有这样的毛病。当别人指出自己的错误，尤其是直截了当地指出的时候，一般人似乎都受不了。他会因此而产生一种让人觉得不可思议的强大的力量，正是这种力量迫使他拒绝接受你的批评或指正，即使他明明知道你是为他着想的。

心理学家指出，这种强大的力量中有很大一部分是自我认同感在起作用。当自己所相信的东西被怀疑或否定之后，每个人都会产生一种焦虑，感到自己的自尊被伤害了，甚至感到自己的安全已经没有了保障。结果是，他会本能地拒绝承认自己的错误，即使他可能认为你说的是对的。因此，当你想要说服一个人，让他明白自己的错误的时候，千万不要直接指出对方的错误。

我相信，直接指出对方的错误，实际上就是在批评对方。任何人都不喜欢被他人批评，即使他明白自己确实做错了，但是人们却往往做这样的蠢事。在我们身边经常会遇到一些比较烦心的事情困扰着我们，但是很多时候只要我们换种表达方式，也许就能轻易地达到我们的目的。

马吉·嘉可布太太请了几位技术非常好的工人加盖房子。头几天，他们总是把院子弄得乱七八糟，到处都有木屑。一次，等他们结束了一天的工作后，聪明的嘉可布太太不露声色地叫来她的孩子们，和他们一起把木屑处理干净，堆到院子的角落里。第二天，工人们来的时候，她非常高兴地对工人们说："你们昨天把院子打扫干净了，我非常高兴。老实说，这简直比我们以前的院子还要干净。"

听到这些话后，那些工人十分高兴，以后都把木屑堆在了院子的角落。试想一下，如果嘉可布太太摆出一副雇主的姿态，那些工人会怎么样呢？他们会毫不犹豫地换另外一份活儿的，因为像他们这么优秀的建筑工人毕竟很少。

从上面两个例子的结果来看，间接地指出对方的错误是十分正确的。采用温和的语气，间接地指出别人的错误，这样就不会引起对方的反感。

确实，我们只要在指出对方错误的同时，注意维护对方的自尊，就容易收到很好的效果。这是十分符合人的本性的——正因为我们没有办法改变人性的弱点，所以只有使自己所做的事情符合人性。那些聪明的人总是会想方设法这么去做，因为他们知道这样做的效果比直接指出对方的错误要好得多。

一些大公司或者机构的上层人物一般人通常很难见到，其中的部分原因固然是他们很忙，但是那些下属的“过滤”也是一个重要的原因：他们不愿意他们的上司被打扰，因此帮上司挡掉了许多看起来不那么重要的客人。这对那些上层人物来说并不一定就是好事，卡尔·佛朗在当佛罗里达州奥兰多市的市长的时候，就曾经遇到过这样的麻烦。

他奉行的是“门户开放”政策。当时他规定，市民如果有事的话就可以直接来见他。但是，那些造访的市民却常常被工作人员挡在门外。后来，为了圆满地解决这个问题，聪明的市长想出了一个高招儿：他叫人把他办公室的门给拆了。这样，他相当于在明白无误地告诉工作人员不要再阻挡那些造访者了。另一方面，他用行动暗示了工作人员的错误，但并没有直接指出来，这就给他们保留了自尊。

美国陆军第542分校的士官长哈雷·凯塞在带预备役军官时，他面临着一个军队中普遍存在的问题。什么问题呢？在预备役军人和正规军训练人员之间，最大的差异就是理发，因为预备役军人认为自己只是老百姓，因此他们非常不愿意把头发剪短。如何解决这个问题呢？按照以前正规军的士官长一样，他可以向他的部队怒吼几声，或威胁他们。但他不愿这样做。

他这样说道：“各位先生们，你们都是领导。当你以身教导时，那是最有效不过的办法了。你必须为你所领导的人做个榜样。你们应该了解军队对理发的规定。今天我也要去理发，而我的头发却比某些人的头发要短得多了。你们不妨对着镜子看看，如果你要做个榜样的话，是不是该要理发了？我们会帮你安排时间去营区理发部理发。”

结果是可以预料的。有几个人自动去镜子前看了看，然后下午去理发部按规定理了发。次日早晨，凯塞士官长讲评时说，他已经看到在队伍中有些人已经具备了领导者的气质。

1887年3月8日，美国最富有口才的牧师、演说家亨利·华德·毕切尔去世了。在下一个星期日，莱曼·阿伯特应邀向那些因毕切尔去世而伤心不已的牧师演讲。他急于取得成功，把演讲词改了又改，并像福楼拜一样过分小心地进行润饰。然后他将演讲词读给他妻子听，但是演讲词写得并不很好，真的很糟糕。但是如果他妻子缺乏见识，她可能会这样说："莱曼，糟极了，绝对不能用。你会让那些听众都睡着的，那听起来像一本百科全书。你传道这么多年，应该能写得更好。天啊！你为什么不像一个普通人那样去讲呢？你为什么不自然点儿？你如果念那篇东西，一定会砸自己的台。"

如果他是这样说的，结果会怎样可想而知。是的，她知道这样的结果。所以，她换了一种方式来说："亲爱的，如果这篇演讲词寄给《北美评论》，一定是一篇极好的文章。"

莱曼·阿伯特当然满心欢喜地接受了妻子的意见。你认为他会真的把自己的演讲稿寄给《北美评论》吗？不，阿伯特将他精心准备的底稿撕碎，后来连大纲都不用，很自然地作了演讲。阿伯特的妻子称赞了他的演讲词，同时又很巧妙地暗示丈夫不能用这篇演讲词去演讲。阿伯特当然知道这点，所以他照妻子的意思做了。

通过上面的这些案例我们可以知道，为了劝服别人同时又不伤害别人，你需要间接地指出他人的错误。

如何让对方欣然接受他的不足：

（1）当你找出一条理由来指出对方的错误时，对方一定会找出十条理由来反驳你。所以，千万不要让对方产生这种抗拒心理。

（2）不要让对方觉得你在以指出他的错误为乐，最好的办法莫过于用平和的语气间接地指出来。

（3）如果你妄图通过批评对方来显示你的高明和优越，你是不会受到欢迎的。

（4）相互尊重，是人与人交往的基础。

技巧二：让对方觉得是自己的想法

卡耐基的忠告：尽可能地向别人请教，并尊重他们的建议，让对方觉得那主意完全是他们自己决定的。

没有人喜欢觉得自己是在被迫去买什么东西或被人命令去做某件事。我们宁愿觉得我们是自愿购买的，或遵循自己的意念在做事。我们喜欢别人关心我们的愿望、需要及想法。试想一下，你对于自己发现的思想，是不是比别人的思想更为信仰？哪怕别人的思想放在一只名贵而精致的盘子里递给你，你也不会开心地接受。

是的，每个人都有如此的想法。既然如此，那么你想将你的想法强塞进别人的喉咙，岂不是太一相情愿了？所以，提出建议，再让别人自己去想出结论，那样做不是更明智吗？

来自费城的鲁道夫·塞尔兹先生是我班上的一位学员，他有一次迫切地感到有必要给一群沮丧而散漫的汽车推销员打气加油，于是他召开一次销售会议，鼓励他的部下如实说出他们内心对他的看法和希望。在他们说这些的时候，他将他们的想法全都写在黑板上。然后他说："我可以满足你们对我本人的全部要求。现在，请你们告诉我，我有权利从你们那里得到什么？"

大家的回答很迅速：忠心、诚实、主动进取、乐观、合作，以及每天8

小时的热情工作。有一个人甚至自告奋勇地要求每天工作14个小时。会议开得十分成功，给人以新的勇气和新的激励。

塞尔兹先生说："他们实际上是在和我做一种道德交易。在我保证尽我所能时，他们也决定尽他们的能力。和他们商讨他们的愿望和希望，正是他们所需要的精神食粮。"

尤金·威森在懂得这一真理之前，不知损失了多少美元的收入。

威森替一家专门为时装设计师及纺织品制造商设计花样的画室推销图样。威森曾连续3年每周一次地去拜访纽约一位最著名的时装设计专家。"他从未拒绝见我。"威森说，"但也从来没有买过我的图样。他总是仔细地看我的图样，然后说'不行。先生，我想今天我们不能要你的东西'。"

经历了150次失败以后，威森终于明白了问题所在：自己始终陷于以往的固定做法中，太墨守成规了。于是，他决定每星期用一个晚上的时间学习为人处世的技巧，努力发展新观念，创造新的热情。

不久，他受到了启发，开始尝试一种新的方法。他拿了6张画家们还没有完成的图样，跑到那位设计师的办公室。"我想请你帮我一个忙。"他说，"这里有一些还没有完成的图样，我想请你告诉我，我们应该怎样完成它们，才能使你满意？"这位设计师默默地看了图样一会儿，然后说："将图样放在我这里，你过几天再来找我。"

3天之后，威森又去找他，听取了他的许多建议，然后取回了图件，并按照设计师的意见把它们画完。结果呢？它们全都被买下了。

那是9个月以前发生的事情，从那时起直到现在，这位买主又订了几十张图样，全都是按照他的意见画的——结果，威森从他那里赚了1600多美元。"我现在明白，为什么我这么多年不能和这位买主做成生意了，"威森先生说，"以前我一味劝他购买我以为他应该买的。而现在，恰恰相反，我请他告诉我他的想法，于是他觉得是他在创造图样，并且也的确是这样。我现在即使不向他推销，他也会主动来买。"

这种方法确实是卓有成效的，说服别人的技巧就在于你是否让他们满心欢心地接受你的意见。罗斯福总统用这种方法顺利地进行了一场改革。

当西奥多·罗斯福担任纽约州长的时候，他完成了一件不同寻常的业绩，他强有力地推行一些政府首脑所最不喜欢的改革方案。他是如何做到的呢？

当有重要职位空缺的时候，他就请政治首脑们给他推荐担任此职的人。“最初，”罗斯福说，“他们也许会提名一个软弱无能的党棍，即那种需要‘照顾’的人。我就告诉他们，委任这样的一个人不是上策，因为公众不会赞同。”

“然后，他们向我提出另一个无所作为的党棍，这是个碌碌无为的人，尽管他无可指责，却也没有什么值得称赞的业绩。我就告诉他们，这个人不能满足公众的期望。接下来我请他们想想，能否找到一个显然更适合这个职位的人。

“他们第三次提议的人还说得过去，但仍不十分理想。于是，我就谢谢他们，请他们再试一次。他们第四次提议的人就可以接受了——他们这时所提的正是我自己要提出的人。我对他们的协助表示了感谢，并委任了这个人——我还把这委任之功归于他们……我告诉他们，我这么做是为了让他们高兴，现在该轮到他们使我高兴了。而他们真的那样做了。他们支持我的各项法案，如《服役法》与《豁免税收法案》等。这使我很高兴。”

罗斯福就是用这种方法成功地执行了这项难以执行的改革方案，请切记，尽可能地向别人请教，并尊重他们的建议，让对方觉得那主意完全是他们自己决定的。这就是说服别人的秘诀，也是你成功的秘诀。

在商界中，长岛的一位汽车销售商也成功地运用了这种方法，将一辆旧车卖给了一对苏格兰夫妇，我想不出用这种方法为什么不会成功。

当时，这位销售商让这对夫妇看了一辆又一辆汽车，但他们总是不满意，说这辆不合适，那辆有损坏，而且价钱也太高——他们总是嫌价钱太高了。形势颇为无奈，于是一位旧车商——他也是我班中的学员，来请我给他帮忙。

我建议他不要再向这种“三心二意的人”推销，而是要设法使他们主动前来购买。我告诉他说，不要告诉他们该如何做，而是要反过来，让他们告诉你如何做。一定要使他们觉得是他们自己在拿主意。

这建议听起来相当不错，他是如何做的呢？在几天之后，当一位顾客希望把他的旧车换成一辆新车时，这位销售商决定可以尝试一下之前的建议。他知道这辆旧车或许能使这对苏格兰夫妇动心。于是，他给这对夫妇拨打了电话，希望他们给他一点建议——这辆旧车的估价和是否值得购买，就算是帮他一个忙。

当这对夫妇来了以后，这位车商说：“你是一位很精明的买主，你了解汽车的价值。但是能不能请你看一看，试一试这汽车的性能，并请告诉我这车该折多少价？”男买主满面笑容，因为终于有人请教他的意见了，他的能力得到了承认。他驾驶这辆旧车上了大道，一直从牙买加区开到弗洛里斯特山，再开回来。“如果你能以300美元买下这辆车，”他建议说，“你就占便宜了。”

“如果我以那价格买下它，你愿不愿意买它？”这位车商问道。“300美元吗？当然买。”是的，这是这位男买主自己的主意，也是他的估价。于是这笔生意立即成交了。

爱默生在《依靠自己》这篇散文中说：“在天才的每一项创造和发明之中，我们都看到了过去被我们排斥的想法；这些想法再次展现在我们面前时，却显得相当伟大。”

爱德华·豪斯上校在威尔逊总统执政时期，在国内外事务方面具有很大的影响力。威尔逊对豪斯的秘密策划及建议的依赖，比他自己的内阁成员还多。豪斯上校是用什么方法影响总统的呢？我们有幸得知这个答案，因为豪斯自己曾对亚瑟·D.史密斯说过，而史密斯又在《星期天晚报》披露了。

"'认识了总统以后，'豪斯说，'我发现，要使他相信某一种观念的最好方法，就是将这一观念很自然地植于他心中，并巧妙地使他对这一观念产生兴趣，使他经常思考。这方法第一次发生效力，纯属巧合。

我曾到白宫去拜访他，劝他推行某项政策，而这种政策他似乎不太赞成。但几天以后，在一次聚餐的时候，我很惊讶地听到他把我的那个提议当作他自己的意见说了出来。'"

豪斯是否阻止了他，说"那不是你的意见，而是我的"呢？哦，没有。豪斯绝不会那样。他非常精明，他不屑于居功，只求行事有效，所以他使威尔逊继续认为那意见是他自己想出来的。不仅如此，他还使威尔逊因为公开了这些意见而获得了世人的赞誉。

我们一定要记住，我们明天所要接触的人，也许正像威尔逊一样，具有人性的弱点，所以，我们就应采用豪斯上校的做法。

这种方法同样被一个住在纽勃伦斯维克的人应用于我的身上，由此得到了我对他生意的光顾。那时，我正计划去纽勃伦斯维克划船钓鱼，所以我写信给旅行社打听相关情况。我的姓名、住址显然是被列入了公开的信息中，因为我立刻就收到了从野营处与向导处寄来的几十封信件、小册子和印刷品，我差点儿被弄迷糊了，不知道该选择哪一家才好。

不久，有一位野营处的主任做了一件很聪明的事，他送给我几个他曾接待过的纽约人的姓名及电话号码，请我给他们打电话，让我自己调查他营中的情况。我很惊异地发现，我竟然认识其中一人。我打电话给他，打听了他对这个野营处的印象和感受，然后打电话给这个野营处，告诉了他们我到达的日期。而其他人都强行向我推销，但这个野营处的主任却让我自己做出安排。因此，他胜利了。

如何让对方产生美妙的"错觉"：

（1）虚心地向对方请教，让对方帮你出主意，并使对方觉得那是他自己的主意。

（2）你只需适当提示，让他主动地思考下去，他就会得出和你一样的意见，但是如果你这么做的意图过于明显，他就会采取抵抗的心理。

（3）影响一个人的最好办法就是在不经意间将一种意见移植到他的脑海中，从而变成他自己的意见。

技巧三：帮助对方客观地分析问题

卡耐基的忠告：你必须站在他的立场去考虑问题，并进一步地反驳他。

事实上你所遇到的每一个人——甚至你在镜子里所见到的那个人——都会过高估计自己，并认为自己是善良而不自私的人。摩根在他的一篇短文中分析说："一个人做任何事，通常有两种理由，一种是动听的，另一种是真实的。"

我之前说过，我现在已经不像以前那样确信许多东西了。这并不是悲观的论调，只是我现在能够更加客观地认识一些东西，不再像以前那样从狭隘的个人经验、个人知识、个人信仰和个人立场来看事物。但是很多时候，一些人还是在确信许多我以前确认、现在却怀疑的东西。想到这一点，我就会感到十分焦急。

有位号称"双枪"的杀人魔王科洛雷曾经和他的女友开车在一条乡村公路上兜风，他把汽车停在了马路中央。这时候，警察走过来请他出示驾照。他二话不说，掏出手枪就朝警察射击。当警察已经躺倒在地的时候，科洛雷跳下车，拔出警察的手枪，又对尸体射了一枪。这当然只是科洛雷的种种恶行中的一件，因为他生平杀人无数。

1931年5月7日，警察把科洛雷围在他女友的公寓里，并朝屋内扔了催泪弹，试图把科洛雷从房子里逼出来。但是即使在一个小时后，科洛雷还蹲在一个沙发后面朝警察开枪。当警察抓获负隅顽抗的科洛雷后，纽约市警察局局长马罗尼发表了公开讲话，他说："这是一个名副其实的杀人魔王，任何一件小事都会成为他杀人的借口。"

但是科洛雷自己却并不这么认为。他在自己的公开信里这样写道："没有人知道，我在凶恶的外表下藏着一颗疲惫和善良的心，我并不愿意杀害任何一个人。"

你相信他——这位杀人魔王的话吗？不会的，绝对不会有人相信的。但是他居然觉得自己没有什么错，难道是他故意为自己辩解吗？不是的。因为他从内心就没有意识到自己究竟错在哪里。对于这样的人，你想对他说些什么呢？

当你们在交谈的时候，常常遇到一些看起来十分顽固的人。这些很顽固的人，换个角度来看的话，我们可以称之为有着坚强信念的人。这些人不会轻易地改变自己的看法，只要是他们认定的事实，如果没有更加确凿、更加有力的证据的话，他们从来不会产生怀疑。

这些人其实和这位科洛雷先生非常的相似。什么，拿他们和这位臭名昭著的杀人魔王对比？是的，请不要怀疑。他们的确有一些共同点的存在，就是同样的固执。只不过科洛雷先生让人看起来更加违反常规。我不想给这些人下评论，不论你有何种性格，"不及"和"过"可能是同样的效果，而对不同的事情而言，这种执著的信念往往会有不同的效果。比如，不应该坚持的东西，你却坚持了，这时候就是你的不对了；而有一些正确的东西，你越坚信它，对你来说就越好。

你确信自己的意见是对的，而别人的意见是错的。但你要让别人认识到这一点却并不是一件很容易的事情。你不能对他说："事实明明就摆在那里。"这样的话没有多少说服力，因为他也看到了事实，只是每个人看到的事实都是不一样的。但你明明知道他的意见是一种偏见，他是从你认为不正确的角度来看问题的。在这时候，你应该尽量使对方客观地认识事物。这样，他才会真正认识到自己所犯的错误。

正如前面这位杀人魔王的案例一样，这样固执的人并不是仅限于他一位。

在我们看来，这些罪大恶极的罪犯明明是错误的，但是他们为什么如此冥顽不灵呢？因为我们一直在用自己的价值观来衡量他们，用自己的道德观来评价他们。对于他们而言，他们也正从自己的角度来看事情，这就是为什么每个人都会在犯错后还不停地为自己找借口的原因。

他们犯错或者犯罪的原因很复杂，但是道理却很简单：他们都认为自己所做的事情是对的！这些人明显地犯了常识性的错误（或罪恶），都不能客观地看待问题，我们又怎么能够强求一般人——他们只是在一些相对来说并不重要或并不那么清楚的问题上不能客观地看待——完全正确地看待问题呢？

西奥多·罗斯福退出白宫之后，面对他的继任者、共和党人塔夫脱总统的保守作风，他感到十分恼火。于是，他不仅在公开场合对塔夫脱进行严厉批评，而且组建了“雄麋党”，打算再次竞选总统。他们的争论使共和党几乎土崩瓦解，直接导致了共和党在竞选史上的最大的一次失败。但是塔夫脱并没有为此自责，他在事后满含热泪地说：“我想我并没有做错什么。”

我们姑且不去管这件事情的谁对谁错，但是我却能发现，批评就像火星一样，它足以引爆人们心中的虚荣和自尊，并使人们不去管这样做可能会置人于死地。如果当年罗斯福能够站在塔夫脱的立场去考虑问题——假定是罗斯福对了的话，这既能让罗斯福更加客观地考虑问题，当然也能够说服塔夫脱改变自己的政策。而如果是塔夫脱对了的话，他也可以这么做。而他们却似乎只懂得批评、抱怨和责备对方，这种做法实际上是非常愚蠢的。

我们帮助别人客观地认识事物，首先要知道他是怎么想的，以及是如何得出这一想法的。每个人都会有一定的坚持己见的习惯。他们看问题当然是从自己的经验、自己的立场去作判断，而且认为这是对的。当有人怀疑他的正确性的时候，他会毫不犹豫地为自己的观点进行辩护，除非你能够指出他的致命的缺陷。所以，你必须站在他的立场去考虑问题，并进一步地反驳他。

我想以我自己的亲身经历来说明让别人客观地认识事物对于说服一个人的重要性。我通常在规劝或者说服他人去做某一件事情的时候，先停下来想一想“如何才能使他心甘情愿地去做”这个问题。这个方法使我受益匪浅。

我在一开始进行我的讲座的时候，租用了纽约市一家饭店的舞厅作为演讲地点。我的每期培训都需要租用20个晚上。一开始我并不为这件事情担心，因为这点租金是我可以承受的数额。但是有一次，在新的一轮演讲开始的时候，饭店方面突然打电话告诉我说必须付比以前高3倍的租金。我并不想改变演讲的地点，因为一切准备工作都已经就绪。我打算说服饭店的经理，使他打消这样的念头。我很清楚，他们想的只是自己的利益，但是我相信自己能够说服这位经理。

“你们的通知的确让我很吃惊。”我见到那位经理后，微笑着对他说，“但是我这次来并不是想责怪你。我知道，如果我是你，我也会这么做的。因为不这样做的话，饭店的利益就要受损，而你将会被辞退。那么现在，为饭店的利益着想，我们来分析一下这项决定的利与弊。”

我从我的包里拿出一张早就准备好的纸，在纸的中间画了一道线，作为“利”和“弊”的分区。接着，我在“利”的那一边写下“可做他用”，然后跟他解释说：“的确，你们可以把舞厅租给人家，用来跳舞或者开会。毫无疑问，这样肯定会比租给我的价钱要高。而租给我的话，相当于你们损失了很大一笔钱。”

再接着，我在纸的另一边写下“减少收入”和“广告效应”，然后对他解释说：“首先，我因为付不起你们的租金，所以不得不另觅地方，这样一来，你们势必要空出这个舞厅一段时间。相对来说，这比现在算是减少了收入。其次，你们知道，我每次所举办的一系列讲座，都会吸引许多人——包括很多名人到你们饭店来居住，难道你不认为这是最好的广告吗？你们每次需要在报纸上花多少钱打广告呢？如果我猜得不错的话，5000美元应该是必不可少的。而且，这些报纸上的广告的效果也未必有这么大。这对像你们这么大的酒店来说，价值是不是非常大呢？”

最后，我把这张纸交给尚在思考的经理，并且对他说：“为了你们的利益，请认真地考虑一下，然后尽快通知我。”结果已经可以预料：第二天，饭店方面就通知我，我的租金只需要增加50%，并不是之前决定的3倍。

我并不是在这里说明我的做法是多么的高明，我只是想以此来说明，我们在说服他人的时候，是完全可以用更加简单而有效的方法来做到这一点的——让他人客观地认识事物。只要你能够保持理智和冷静，你也可以试着这么去做。

如何让对方接受你的“客观分析”：

（1）不要对他人的观点加以点评，而应该告诉对方，他现在在受着某种客观条件或某种错误想法的束缚，应该排除这种偏见。

（2）不要直接告诉他人应该怎么做、怎么想，而应该告诉他真实的事情是怎么回事。

（3）你没有必要把什么是对的、什么是错的都摆出来，而应该告诉他哪些是真实的、哪些是虚假的；或者哪些是明显的，哪些是容易被忽视的。

技巧四：批评对方前先自我批评

卡耐基的忠告：如果批评者在谈话刚开始时就先谦逊地承认自己也不是无可指责的，然后再指出别人的错误，那么情形就会好得多。

我们每个人都有自尊，而有的人甚至达到了自负的地步。当你指出别人的错误、对别人进行批评的时候，一般的人都会下意识地去维护自己的尊严，从而对你的批评采取抵触的态度。这就是人性的弱点之一。我们必须要了解这个弱点，利用恰当的批评艺术，来达到我们批评的目的。如果批评者在谈话刚开始时就先谦逊地承认自己也不是无可指责的，然后再指出别人的错误，那么情形就会好得多。

数年前，我的侄女约瑟芬·卡耐基离开她在堪萨斯城的老家，来纽约担任我的秘书。她那时才19岁，高中毕业刚3年，几乎没有任何工作经验。理所当然地，她会犯一些错误。有一次，她又犯了一个常识性的错误的时候，我正要批评她的时候，我对我自己说："且等一等，戴尔·卡耐基，且等一等。你的年纪比约瑟芬大一倍，经验比她多一万倍。你怎么可能希望她有你的观点、有你的判断、有你的精力呢——虽然这些都是很平凡的。等一等，戴尔，你在19岁时正干什么？还记得你那时呆笨的举动、愚蠢的错误吗？记得你……的时候吗？"

经过真诚而公平地考虑以后，我得出结论：约瑟芬19岁的能力，比我那时可要强多了——尽管如此，我很惭愧地承认，我并没有经常称赞约瑟芬。所以，从那以后，当我要让约瑟芬注意她的错误的时候，我就会这样开始说："约瑟芬，你做错了一件事，但老天知道，我所做的许多错事比这更糟糕。你当然不是天生就具有判断力的，那只能从经验中得来。而且你比我在你这年龄时强多了。我自己也曾犯过许多愚蠢的错误，所以我不愿意批评你或任何人。但如果你按某种方法去做的话，你想那不是更聪明吗？"

如果批评者在谈话刚开始时就先谦逊地承认自己也不是无可指责的，然后再指出别人的错误，那么情形就会好得多。风度优雅的布洛亲王早在1909年，就明白这样做很有必要。

当时，布洛亲王是德国总理大臣，而德国皇帝则是威廉二世——傲慢自大的威廉，也是德国最后一位皇帝——他建立了海军和陆军，并自夸能征服一切。

于是，震惊世人的事发生了。这位德国皇帝出访英国时，口若悬河地说了许多令人难以置信的蠢话，例如他是唯一一位对英国友好的德国人；为了对抗日本的威胁他建立了一支海军；他一人挽救了英国，使之免于向俄、法称臣；由于他的征讨计划，使英国得以在南非战胜土著人，等等。最糟糕的是，他竟然允许伦敦《每日电讯报》将他这些丧失理智的自吹自擂之言公之于众。于是，这些爆炸性的新闻震动了整个欧洲，波及到了全世界。

在100多年的和平时期里，还从没有欧洲君王说过他这样的话。整个欧洲立即轰动了，如被激怒的野蜂；英国也被激怒了，德国政治家更是惊骇万分。在这种形势下，德国皇帝也惶恐不安，他提议由总理大臣布洛来处理此事。是的，他希望布洛亲王宣布这一切责任都是他的，是他建议他的君主说这些令人难以相信的话的。

"但是陛下，"布洛反对说，"在我看来，不论在德国或英国，绝对不会有任何人愿相信我有能力建议陛下说这些话的。"布洛一说出这句话，就意识到自己犯了一个严重的错误。德皇果然大为恼火。他咆哮着说："你以为我是一头笨驴，只会犯你永远都不会犯的错误吗？"

布洛知道他应先称赞皇帝几句之后，再提出批评意见，但事已至此，仍不妨选择一个最佳方案。他在批评以后再予称赞。结果极其神妙——称赞常常会有这样的效果。

"我绝不会有那样的意思，"他恭敬地回答说，"陛下在许多方面都胜过我，这不只是就海陆军知识而言，尤为重要的是在自然科学方面。每次倾听陛下解释晴雨表、无线电报，或伦琴射线时，我总是对自己对所有各种自然科学一无所知而深感惭愧。我不懂化学或物理，不能解释最简单的自然现象，因此对陛下万分钦佩。但是，"布洛接着说，"作为补偿，我知道一些历史知识，以及一些在政治上，特别是在外交上有用的知识。"

德皇脸上现出了笑容。布洛亲王称赞了他。因为布洛赞扬了他，而使自己显得卑微。这时的德皇已经能宽容任何事。"我不是常告诉你，"他热诚地说，"我们应互相取长补短，就可以闻名于世吗？我们应齐心协力，团结一致，而且我们愿意这样！"他与布洛握了握手，不只是一次，而是多次。那天下午，他尤其激动。他握紧双拳喊道："如果任何人对我说布洛亲王不好，我将一拳砸扁他的鼻子！"

布洛及时救了自己——但像他这样机敏的外交家，也还是犯了一个错误：他应该一开始先谈他自己的短处和威廉的长处——而不要暗示德皇是一个智力不足的、需要保护的人。

如果仅仅说几句自我谦恭、称赞对方的话，就能使一位傲慢孤僻的德国皇帝变成一个牢固可靠的朋友，那你就可以想象得到谦逊与称赞在我们的日常生活中具有多大的作用。如果运用得当，它们必然有助于我们在人际关系上创造奇迹。

一个人即使还没有改正他的错误，但只要在谈话开始时就承认了自己的错误，就有助于帮助另一个人改变其行为。这句话是马里兰州提蒙尼姆市的克劳伦斯·周哈幸最近说的，因为他看到了他15岁的儿子正在尝试抽烟。

“当然，我不希望大卫吸烟。但我和他妈妈都吸烟，我们给他树立了一个不好的榜样。我向大卫解释，说我在他这么大时就开始抽烟，尼古丁最终战胜了我，使我上了瘾。我还提醒他，我的咳嗽很厉害。我并没有劝他不要吸烟，或警告他吸烟的害处。我只是告诉他我如何吸上烟并深受其害的。”

“他想了一会儿，然后决定在高中毕业前不吸烟。直到现在他也确实没有吸过烟。那次谈话的结果，使我也决定戒烟。由于家人的支持，我戒烟成功了。”

所以，如果你想说服别人而不触伤感情或引起反感，使自己成为一位受人欢迎的说话高手，不妨采用一些有技巧的方法，这样才能取得令人满意的效果。

批评，可以是裹着糖衣的良药：

（1）在批评别人之前，先指出自己的错误和缺点，在这种比较平等的条件下，对方会更加容易接受批评意见。

（2）批评不是争论，也不是有话直说，而应该运用一些方法和技巧。

（3）在批评之前先赞美一下对方，这样会形成一种自然和谐的谈话氛围，然后再把谈话引向批评。

技巧五：建议对方，而不是命令对方

卡耐基的忠告： 建议别人，而不是强硬地命令对方，不仅能维持一个人的自尊，给他一种自重感，而且能使他更乐于合作，而不是对立。

最近，我很荣幸地同美国最著名的传记作家伊达·泰波尔小姐一起吃饭。我告诉她我正在写作，于是她和我开始讨论“为人处世”这个问题。她告诉我，她在写扬·欧文的传记时，访问了曾与扬先生在同一房间办公3年的一位先生。这人说，在那么长的时间内，他从未听到扬·欧文给任何人下达过直接的命令。他总是“建议”，而不是“命令”。例如，扬·欧文从未说过“做这个，或做那个”或“别做这个，别做那个”。他总是说“你可以考虑这个”或“你以为那样合适吗”。当他口述一封信后，他常这样说：“你认为如何？”在看完他的助手写的信以后，他常这样说：“也许这样措辞会更好些。”他总给别人机会亲自动手做事，而从不告诉他的助手该如何去做事；他让他们自己去做，使他们从自己的错误中学习。

建议别人，而不是强硬地命令对方，不仅能维持一个人的自尊，给他一种自重感，而且能使他更乐于合作，而不是对立。像这种方法，能使人更容易改正他的错误。而一些长者的粗暴态度所引起的愤怒可能会持续更久，即便他所纠正的是一个很明显的错误，也会如此。唐·斯坦瑞利是宾夕法尼亚州威明市一所职业学校的老师，他说了一件事。

有一个学生因为违章停车而堵住了学校的大门口。有一位老师冲进教室，以非常凶悍的口吻问道：“是谁的车堵住了大门？”

当那个学生起来回答时，那位老师怒吼道：“你马上给我把车开走，否则我就用铁链把它绑上拖走。”

这位学生确实是错了，汽车不应该停在那儿。可是从那天以后，不只是这位学生对那位老师的举止感到愤怒，全班的学生也总是做一些事情给这位老师造成不便，使得他的工作更加不顺。

本来他可以用完全不同的方式来处理这件事的。假如他友善一点地问：“门口的车是谁的？”并建议说：“如果你能把它开走，那别人的车就可以进出了。”我想这位学生一定会很乐意地把车开走，而且他和他的同学也就不会那么生气了。

即使身为长者或上司，你也不能用粗暴的态度对你的晚辈或下属说话；否则你所得到的不是合作，而是激烈的对抗。同样，采用建议的方式可以让客户更好地接受和采纳你的意见，按照你的要求来做，满足你的需求。

在南非的约翰内斯堡的一家小工厂，经理伊安·麦克唐吉有个机会接到一份大订单，但他知道自己没有办法按期交货。尽管工作已在工厂排定好了，可是这份订单所要求的完成时间实在太短了，使他不太可能去承接这份订单。他并没有催促工人们加速工作来赶这份订单，他只是把大家召集在一起，对他们解释这种情形，并对他们说，假如能按时完成这份订单，对他们和公司的意义将有多大。“我们有什么办法来完成这份订单吗？”“有没有人能想出别的办法来处理它，使我们能接这份订单？”“有没有别的办法来调整我们的工作时间和工作的分配，来推动整个情况？”结果，员工们提供了许多意见，并坚持让他接下这份订单。他们用一种“我们可以办到”的态度，终于获得了这份订单，并且按期交货。

向对方问一些问题，不但使得这家小工厂接到一张订单，更激发了工人们的创造力，促成了良好合作和融洽的氛围。

因此，要想说服别人而不伤感情和引起反感，就请注意你说话的语气，改变你说话的态度，不妨换一种方式来提出你的要求：建议对方，而不是直接下命令。

“建议”优于“命令”的好处：

（1）请求或者建议实际上是命令的弱化，但是会收到截然不同的效果。

（2）没有命令、强迫或要求，可能就没有反抗和抵触。

（3）如果能把命令说成是你的想法或建议的话，在某种程度上，对方会不便于拒绝你。

（4）即使你处于“权威”的一边，为了维护他人的自尊，更好地说服对方，也必须用建议的方式来代替命令。

技巧六：切勿使用指使的语气说话

卡耐基的忠告：没有人乐意听从别人的指使，没有人喜欢让别人告诉他应该怎么做，应该怎么想，这似乎是人的天性。

纵使别人犯错，而我们是对的，如果没有为别人保留面子，就会毁了一个人。强势的态度不仅达不到我们预期的目标，而且还可能偏离得更远。

俄克拉荷马州一家工程公司的安全检查员乔士得的工作是检查工地上的工人是否戴了安全帽。一开始，当他看到那些没有戴安全帽的工人时，他会立即批评这些工人，并且命令这些工人立刻戴上。但是这种方法收效甚微。工人当着他的面会戴上安全帽，但是当他走了以后，他们便会再把安全帽拿下来。

乔士得觉得自己的做法不合适，于是决定采用其他方式。当他看见没有戴安全帽的工人的时候，他就微笑着询问对方是不是觉得安全帽戴在头上不舒服、帽子的大小是不是不合适；然后他会对工人讲安全帽的重要性，建议他们为了自己的安全，最好把安全帽戴上。结果，这种做法收到了很好的效果。

前后不同的两种做法导致了工人们前后不同的两种反映，这就是人们的心理作用使然——排斥指使的态度和命令。之前乔士得采用了强势的方法，命令和指使工人应该如何去做，结果工人们不喜欢听乔士得的指使，这是他失败的主要原因。而后来乔士得之所以成功地说服了那些工人，同样也是因为他没有指使工人们怎么做。

同样的故事也发生在我身边。一年夏天，我和一位朋友驱车前往法国的乡下旅行，结果却迷了路。我们只得把车子停下来，向一群当地人问路。

我的朋友是一位大大咧咧的人，他冲上前去，对他们几乎吼着——我在几十米外都能清楚地听到——说："喂，到××镇怎么走？"

几分钟后，那位朋友怏怏地走了回来，向我愤愤不平地埋怨这里的农民没有礼貌、一点儿都不热情。我当然知道是怎么回事，于是微笑着走向那群农民，然后脱下帽子客气地向他们说道："我遇到了一个麻烦，需要你们帮一个忙。请问到××镇怎么走？"

结果我很快就得到了十分准确而详细的答案。他们显得很热情，回答得快速而有礼貌。等他们说完之后，我向他们表示了感谢，而他们也邀请我到他们的家里做客。我因为忙着赶路，因此答应下次有时间再去他们家。

对此，我的那位朋友很不理解我为什么会受到他们的欢迎，我说："没有人喜欢受人指使。"

你也许会说这仅仅是礼貌的问题。不错，礼貌确实有一定的影响，但是这绝不仅仅是礼貌的问题。而且，正是那种没有礼貌的语气使得你好像在对别人发号施令一样。的确，没有人乐意听从别人的指使，没有人喜欢让别人告诉他应该怎么做、应该怎么想，这似乎是人的天性。

在我班上有一个女学员道娜，她是一家公司的经理助理。一天，公司里来了一位客人，由新上任的经理接待。道娜像往常一样，正打算去给那位客人倒水，但是经理却突然对她说："去，倒杯水！"道娜却随口接道："我想去一下洗手间。"

这种情况在我们身边也常常发生，比如你在酒店里就可能会遇到类似的情况，虽然服务员满口答应你，但是却迟迟不会把水打来。你可以投诉她服务态度不好，但是这样对你自己并没有什么好处。那么，你为什么不能换种语气来说呢？你可以这么对她说：“我现在需要一壶水，你能给我打壶水来吗？”她一定会非常乐意为你服务的。而这样做，难道使你损失了什么吗？

当我们在说服一个人的时候，我们也经常像是在指使别人：“你应该这么做……”或者：“你这么想才是对的……”我们经常使用的是命令或者强迫的语气，即使我们有时候并不具有那种权威。你应该让你的语气更加柔和和委婉一些。

遗憾的是，很多领导都喜欢指使下属做这做那，他们似乎想要用这种方式来体现自己作为领导的权威。而且多半的领导都在这么做，他们并没有意识到这有什么不对。即使对于大多数人来说，当某些人犯了错误的时候，我们也通常会以一种居高临下的姿态对他进行说教，指使他应该怎么做，而对方也很有可能会为了维护自己的尊严而不惜跟你争论。我们知道，在这种尖锐对峙的情况下，没有谁能够有办法说服对方。因此，最好的办法是维护对方的尊严，换一种方式指出他的错误，引导他应该怎么做。

沃德将军曾经担任过训练新兵的教官。一天，他驾着吉普车到新兵营去巡查，碰到一名士兵正领着女朋友在散步。那名士兵似乎没有看到他，而等他的车子经过的时候，那名士兵“碰巧”弯下腰来系鞋带。沃德知道是怎么一回事了，于是把那名不懂军规的士兵叫了过来。

“小伙子，”沃德说道，“难道你真的没有看到我吗？”

“看到了，将军。”那名士兵知道瞒不过去，只得承认。

“那么，你为什么不向我敬礼，而是装作在系鞋带没看到？”沃德问道。

士兵十分为难，没有办法回答。他看了看他的女朋友，苦着脸说：“将军，如果你是我，带着你的女朋友在散步，你会怎么做？”

沃德被士兵逗乐了，笑着回答说：“我会跟她说‘我想先给这个老家伙敬个礼，怎么样’。”

那名士兵听了之后，微笑着向沃德将军敬了一个礼。而沃德将军也不再说什么，回敬了一个礼，然后就开着车走了。

可以想象，如果沃德将军满脸怒气地对那位士兵说："你刚才所做的是错误的，你应该向我敬礼！"那么，士兵虽然会照办，但是却会从此怀恨在心，因为沃德使他在女朋友面前丢了面子。而沃德将军并没有这么做，他巧妙地指出了士兵的错误，告诉他应该怎么做，而且也顾及了士兵的面子。

我这里还有一个相同的案例，也是关于军人的故事。美国一个新兵营里最近接收了一批新兵。这些新兵有着坚强的毅力，这同样意味着他们不容易改变自己的一些习惯——那些坏习惯。教官发现，对这些文化程度较低的新兵并不适合讲大道理，当然，也不适合用强迫或命令使他们改变自己的不良习惯，那样的话他们会很暴躁地跟你对着干。教官们对此很伤脑筋，所以想了很多办法来改变他们，以使他们成为合格的军人，但是都收效甚微。总之，这些士兵倔犟地认为，用不着别人来指使自己怎么做。

最后，教官们告诉士兵们，他们应该给家里寄一些信，以免家人挂念。教官们印发了一些信件，作为他们写信的参考。这些参考信的内容大致是告诉家人他们已经在军队里养成了良好的生活习惯，以前的很多坏习惯都已经改正了，请家人不用担心。当他们把信写好寄出去之后，奇怪的事情发生了：这些很顽固的士兵慢慢地主动克服了以前的坏习惯，一个个都变得精神焕发、讲卫生、守纪律了，最后都成为了合格的军人。

用建议来代替指使，可以让人信服；用请求代替指使，可以让人高兴地执行；用商量来代替指使，有人会主动请缨；用赞美来代替指使，他们会用行动来证明你所说的是对的。既然有这么多的方法可以代替指使，既然指使对于达到我们预期的目的没有任何效果，那么我们为什么不尝试换一种方式呢？

切勿让人产生反感的情绪：

（1）无礼的命令只会导致长久的怨恨，即使这个命令可以用来改正他人明显的错误。

（2）使用各种有效的技巧去代替指使，重要的是要使你的下属得到你的尊重。

（3）指使他人的结果是，他不会很好地完成你的指令，因为他是被迫做这件事情的。

（4）不要针对某个人发表你的意见，如果你要说服他，需要针对的不是人，而是事。

技巧七：让别人对你产生信任感

卡耐基的忠告： 信任，是人们进行交往的基本前提。如果没有信任，即使人们在互相谈话，也称不上是真正的沟通。

1858年，当林肯竞选美国上议院议员时，他需要到伊利诺伊州南部的一些地方演说，以赢取那里的选票。但是要达到这个目的却非常困难——那些地方的人们对他极不信任，甚至有敌对的心理。

这是因为，林肯是一个废奴主义者，而那些地方的农场主却拥有大量的黑奴，他们自然不会喜欢林肯当选。这种政见和利益的对立是十分尖锐的。他们甚至扬言，只要林肯一来，他们就会立即把他杀死。这些野蛮的当地人即使在公共场合也腰挂短枪、身带利刃。

面临如此巨大的危险，我们可以想象林肯当时作出决定时需要多大的勇气。结果是，这些威胁并没有阻止林肯前进的步伐，他说："给我几分钟，我就能说服他们。"

在演说之前，林肯与当地的极为重要首领一一握了手，然后发表了演讲：

"伊利诺伊的朋友们，肯塔基的朋友们，密苏里的朋友们！我来之前就听过一个谣言，说你们之间的某些人要跟我作对——如果有的话，那么这些人一定就坐在下面吧？但我不相信这是真的，因为你们没有理由这么做；因为我也像你们一样，是从艰苦的乡村中艰难地爬出来的，是一个爽快而直率的平民。那么，为什么我不能和你们一样发表自己的意见呢？朋友们！我了解你们比你们了解我要多得多！你们将来会知道，我是怎么样的一个人。我并不想跟你们作对，所以，你们也绝不会跟我作对的。现在，我站在这里，我们就已经成为了朋友。我相信你们会愿意交我这个朋友的，因为我是一个谦和的人。我诚恳地要求你们给我说几句话的时间。你们——勇敢而豪爽的人们，一定不会拒绝我这个朋友的这个小小的要求的。那么现在，就让我们开诚布公地讨论一下严重的问题吧！”

听完林肯的这段话之后，原本愤怒的人们开始为他喝彩。结果是，这里的大部分人后来成为了林肯的朋友——他们开始终生信任他。也正是这些人，后来帮助他成为了美国的总统。

由不信任到信任的差别如此之大，这正是林肯所意识到的。所以，他极力向这些人说明他和他们之间没有不可逾越的鸿沟，说明他和他们是朋友。所幸的是，他做到了这一点。

信任，是人们进行交往的基本前提。如果没有信任，即使人们在互相谈话，也称不上是真正的沟通。

我曾经受一家公司的委托，请我的一位学者朋友给他们帮忙。一开始事情看起来似乎进展得很顺利，但是在就要开始工作的前几天，公司的有关负责人打电话给我，说不知道什么原因这位学者突然不愿意为他们公司工作了。公司方面对他进行了百般劝说，答应宽限上岗日期、减少工作时间、增加工资等，他却一直拒不接受。

我决定弄清楚究竟是什么原因使这位学者改变了态度，于是就和那位负责人一起去拜访了他。他见到我后依旧十分热情，并且跟我谈起了许多事情。我相信这些东西跟这件事本身都没有什么联系。

后来，我直接问他为什么会拒绝为这个公司服务。他说了一些理由，但是其中我认为最重要的是，他担心公司方面是否能履行这个合同，以及与公司配合得够不够默契等。

听到这里，我觉得继续对他进行说服已经没有什么作用了，因此便告辞了。在回家的路上，我对那位负责人说："我不知道为什么他会对你们公司产生这种感觉，但是你们必须要做的事情是让他对你们信任起来。在此之前，任何工作都将无济于事。"

第二天，那位公司负责人打电话给我，说那位学者已经改变了态度。原来，他在离开学者的家后又回到了学者家的门口，并且拦了一辆出租车等待这位学者，之后送他上飞机。这种真诚的态度赢得了学者的信任。另外，负责人还利用空闲时间，向学者说明他们愿意提前履行合同中公司的义务。这使得学者答应回来后立即上班。

我们并不能责备这位学者出尔反尔或者太谨慎，因为这本来就是一个十分复杂的社会。各种各样的人、各种各样的事，真相、假象、真诚的、虚伪的，都在这个世界上非常积极地活动。人与人之间已经不再是单纯的相互合作的关系，而是加入了相互竞争、相互欺诈的成分。因此，不信任感在人们的心里始终占据着一席之地。

我们无法想象一个对我们心怀戒备的人会听从我们的建议，有时候，这让我们不知所措。究竟怎么样才能取得别人的信任，从而让他们听从我们的劝说呢?

实际上，在本书中虽然我没有直接指出来这种方法，但是每一章节中关于说话和沟通的方法已经能够帮助你取得别人的信任了。只要你按照我所说的方法来做，那么你也一定会给人留下真诚、值得信赖的印象。

有信任，沟通才会有结果：

（1）信任并不是一开始就有的，它需要人们努力去建立。

（2）不信任会导致莫名其妙的猜想。对方会对你所说的东西产生疑问，即使你明白无误地表达出来，他仍然会生出不同的理解来。

（3）当你不知道对方为什么拒绝你的时候，你应该考虑到对方可能对你有强烈的不信任感。

技巧八：掌握沟通的主动权

卡耐基的忠告：有效地控制话题，对说服一个人来说的确十分重要。

掌握沟通的主动权才能最终达到说服对方的目的，正如大多数推销员一样，他们向客户推销自己的商品时，往往不能掌握住说话的主动权，所以才导致最终的谈话失败。

一位图书推销员敲开一户人家的门，对一个太太说：“太太，我们的图书质量非常好，装帧也非常精美，您看有没有需要呢？”对于这位推销员的回答，我们会有什么样的反映呢？在大部分情况下，这位推销员得到的回答是：“不需要！”然后门会被关上。看得出来，这样的推销员不是出色的推销员。

那么，作为一位出色的推销员，他会更加懂得推销时的说话艺术。让我们来推测一下一位优秀的推销员的推销情况。

推销员：“太太，早上好！你家的孩子都上学去了吗？”

某太太：“是的。”

推销员：“你的孩子上几年级了？”

某太太：“大的五年级，小的二年级。”

推销员：“他们一定都很聪明吧？”

某太太：“是的，当然。”

推销员："他们平时喜欢看书吗？"

某太太："有时候看。"

推销员："我想我这里有些书他们可能会喜欢……"

我们可以想象，这位推销员成功的概率应该是非常高的。为什么？因为他掌握了很好的推销艺术，并且在谈话过程中很好地控制了话题。

如果想让我们的交谈变成一次卓有成效的谈话，那么你就要想方设法地引导对方，或者巧设提问，或者选择对方感兴趣的话题，并暗中把谈话引向我们期望的方向，这样就能说服对方。

胡佛总统的沉默寡言让许多记者都望而却步，想让话从他的嘴巴说出来，简直比登天还要难。但是，一个芝加哥记者却轻易地做到了这一点，而且使胡佛总统谈了两个多小时。

那时候，胡佛是共和党的总统候选人。年轻的记者里尼提偶然地跟他坐同一辆列车，并得到了采访他的机会。一开始，当里尼提询问一些问题的时候，胡佛总是简单地回答"是"或"不是"，然后就长久地陷入沉思。里尼提觉得很尴尬，虽然他早就知道胡佛的习惯了。他不得不一边问问题，一边想办法解决这种状况。

当火车经过贫穷而荒凉的内华达州时，里尼提突然想到了一个很好的话题。他望着窗外，好像是自言自语地说："在这个地方，人们应该还是用那种古老的方法来采矿的吧？"这时候，胡佛马上说道："早就不用那种方法了，现在全国都在采用最新的采矿方法。"接着，胡佛的话匣子好像是被打开了一样，他滔滔不绝地谈了起来，从采矿到石油，从航空到邮政……当时，那些跟胡佛同坐一列火车的人都是有名望的人，但是胡佛对他们都不理不睬，却偏偏跟里尼提讲了两个多小时。

里尼提本来是一个默默无闻的记者，但是却因为跟胡佛总统聊了一个合适的话题，使自己成为了和胡佛总统话谈最长的记者。看来，话题对谈话确实起着至关重要的作用。如果没有找到合适的话题，不难想象，谈话的结果一定不会很理想。

有效地控制话题，对说服一个人来说的确十分重要。苏格拉底以擅长言辞而著称于世，他创立的问答法至今有着经久不衰的魅力，成为谈话的一种经典方式。问答法的核心内容是，我们在与人谈话的时候，如果想要说服对方，当不可避免地要面临一些有分歧的话题的时候，我们需要就这个话题的共同点（相对于分歧）对话题进行控制，一步一步地使对方作出肯定的回答。这样，就可以使谈话朝着对我们有利的方向发展。

我们来看看说话高手是如何用这种方法成功说服他人的。卡尔是一家汽车公司的推销员，下面是他与客户的一次谈话。

卡尔："你好，你有兴趣看一看我们公司推出的吨位为4吨的汽车吗？"

客户："实际上我们已经有一辆2吨的汽车了，而且这更加适合我们。"

卡尔："嗯，至少就目前而言，2吨的汽车确实比4吨的更加划算些，是吗？"

客户："的确如此。"

卡尔："我是否可以知道，你需要的汽车的平均载重量是多少呢？"

客户："2吨。"

卡尔："这是个平均数吗？"

客户："是平均数。"

卡尔："嗯，也就是说，你有可能用它来运超过2吨的货物，是吗？"

客户："是的。"

卡尔："如果装着超过两个吨位的货物在丘陵地区行驶，你的汽车承受的压力比正常的情况要大，是吗？"

客户："的确如此，而且这很正常，因为我们经常在丘陵地区行驶。"

卡尔："据我所知，冬天一般是汽车运营的旺季，是这样吗？"

客户："是的。夏天一般生意很清淡，冬天却经常超载。"

卡尔："不幸的是，丘陵地区的冬天一般都特别长。"

客户："是的。"

卡尔："那么，也就是说，你的汽车经常处于超负荷状态了？"

客户："是这么回事。"

卡尔："这自然会影响它的寿命，你说呢？"

客户："是的。"

卡尔："那么，你会不会觉得，如果你拥有两辆汽车，让4吨的汽车在旺季的时候运营，而让2吨的汽车在淡季运营，两辆汽车的使用寿命是不是都会延长呢？"

客户：好像是那么回事。

就这样，卡尔随后得到了一个订单。但是通过这段对话我们可以看出，一开始客户看起来好像并不需要购买汽车，因为他已经有一辆了，但是这并没有什么。卡尔就巧妙地运用了说服技巧，让谈话朝着对他有利的方向发展，最后终于取得了成功。这就是控制了话题的巨大作用，这种方法对于我们来讲也同样有借鉴意义。

要明确目的，而不是被人牵着鼻子：

（1）通过曲折迂回的方式，使对方顺着你的思路进行思考，往往会收到事半功倍的效果。

（2）控制说话的主动权，不能让谈话失去方向，这样才能达到自己想要的效果。

（3）说服他人，而不被他人说服，最重要的就是掌握谈话的主动权。

THE ART OF
COMMUNICATION AND
WISDOM OF LIFE

第四章
完善说话风格和个性的六个技巧

技巧一：施展你独特声音的魅力

卡耐基的忠告： 在任何情况下，音量的变化都可以使你突出重点。

我们的每一个动作、神情，甚至每一个词句都展现了我们之所以是我们的那些东西——那些只属于我们自己的个性的东西，这时候的我们是独一无二的。当我们在演讲台上、宴会上、面试中、谈判桌上开始说话的时候，我们会因为掌握了高超的说话艺术而感到前所未有的放松、自信和满足。这就是说话高手所具备的特征——他们让自己说的每个词、每句话都带着他们自己的风格，形象鲜明地准确抵达对方的耳朵里，对方因此被深深地吸引。

声音是你讲话内容的载体，你的声音反映出你的感觉、你的心情和现在的状态，是你说话中强有力的、必不可少的工具。说话高手总是善于树立自己的说话风格，他们的声音与众不同、语调生动有趣、举止恰到好处……凡是与他们有关的东西都能够体现出他们的特色。对说话高手而言，只有这些风格才是真正有价值的。为了拥有自己的说话风格，你需要进行一系列重要的基础训练。

当我们与听众交流思想的时候，要使用许多发音组织和身体的各个部分。我们会做出这样的动作：耸肩、挥动手臂、皱眉、提高音量、改变高低调门和音调，并且依据场合与题材变换语速，以发出不同的声音来。需要注意的是，我所强调的是声音的效果而不是声音的产生，即物理品质。那些东西已经无法改变，而声音的效果则受到说话者的情绪、状态的影响，这就是我强调说话者必须要热情的原因之一。因此，你需要一开口就与众不同。

不幸的是，我们大多数人会随着年龄的增长失去幼时的纯真和自然，在不知不觉中落入一定的、为我们所习惯的沟通模式中去。这样就使得我们的说话越来越没有生气。更重要的是，我们也越来越不会使用手势，并且不再抑扬顿挫地提高或放低声音。总之，我们正在逐渐失去我们真正交谈时的那种鲜活和自然，我们失去了那个独特、富有个性的自我。

生活中我们会有太多不正确的习惯需要改正，比如，我们也许已经养成了说话太快或太慢的习惯；我们的用词一不小心就会非常散乱。我经常强调，你在说话的时候要自然，也许你会误以为可以胡乱地遣词造句，或以单调无聊的方式表达——只要你做到了自然。其实不然。我要求大家讲话自然，是要你把自己的意念完整地用词语表达出来。从另一个角度来说，说话高手绝不会认为自己无法再增加词汇，无法再运用想象和措辞，无法变化表达的形式和增强表达的效果。这些都是追求精益求精的人们所乐于去做的。

对于迫切想要学会说话技巧的人来说，首先要学会塑造自己的讲话风格，你最好注意一下自己的音量及音调的变化和说话速度，这是非常具有实用价值的。你可以通过这样的方法来照做：把你说的话录下来，也可以请朋友给你指出来，当然，如果能让专家来给你指导的话则会更好。不过，这些都是没有说话对象的练习，跟实际说话完全不同。一旦站在人们面前，你就要将自己的全部精力投入到讲话之中，以引起对方的共鸣。

其次，你要选择好自己的说话声音——这完全取决于你的个性、场合以及你所要表达的感情。通常情况下，你的发音要做到清脆而洪亮。说话清晰才显得有自信心、目的性明确和善于表达，这会给对方泰然自若的感觉。在公众场合，如果别人的谈话正处在争论不休的阶段，你站起来说一句话，语句简短、声音洪亮，则会产生震撼人心的作用。

如何控制你说话的音量呢？你讲话时的声音能够让大家都听到吗——我指的是你的声音足够大而且清晰。如果你所处的场合是两三个人的促膝而谈，那么在这种谈话中你可能比较容易做到这一点。事实上，如果此时你的音量过大的话，反而会使人以为你在跟人争吵。但是，如果你面对的是成百上千个听众，比如站在广场上发表演讲时，你则应该尽量让更多的人听到。因为如果他们没有听到的话，他们就会忽略你所说的内容，而不是提醒你大声讲或者重新讲述。因此，你要根据情况的不同调整你的音量。

注意重音的变化会使你所要表达的意思会发生不同的变化。当你需要强调某一个重点的时候，你可以适当地提高音量。在某个重要的地方提高音量，可以引起大家的注意。当然，有的时候适当地降低音量也能使你达到这个目的。你要记住这一点，在任何情况下，音量的变化都可以使你突出重点。

我们看一下林肯是如何巧妙利用重音的变化为自己解围的。

有一次，林肯正低着头擦自己的靴子，恰巧被一位外国外交官看见了，他嘲讽林肯说：

“总统先生，你经常给自己擦靴子吗？”

“是的，”林肯答道，“你经常给谁擦靴子？”

林肯的这句话巧妙地转移了对方的重音，使自己脱离了被嘲讽的境地，并置对方于尴尬的处境。如果你能巧妙转移别人的说话重音也能营造一种幽默，化解不必要的麻烦。

此外，声音的变化可以富有变化和层次感，声音的高低会影响到听者的情绪。如果你一直采用高音来说话，有谁愿意听这样尖锐的声音呢？而且，当你普遍地使用高音的时候，你的声音会显得过于单调。因此，你必须在音高上有所变化，这样能够使你的声音悦耳而且更有活力。与调节音量一样，当你要阐明某个观点时，变音也会使你更加积极地传达信息。你可以采取略高或略低的声音来表示你对某个观点的重视程度。

我们平时与人交谈时，声音会高低起伏不断变化，就像大海不断起伏一样。为什么会这样呢？没有人知道，也没有人关心这个问题。但是，这种方式显然能使人感到愉快，而且它也是一种很自然的方式。然而，当我们开始某种正式的讲话时，我们的声音却变得枯燥、平淡而单调，就像一片沙漠一样。当你发现自己出现以上的状况时，就要停下来反省了。

对于说话和声音的掌控，我们需要避免下面几种错误的方式。

第一，你必须使对方感觉到，你对你所讲的内容是非常自信的。当你的声音颤抖或者犹豫的时候，对方会以为你对所说的没有把握。如果连你自己都对你所说的没有把握的话，怎么要求对方对它产生兴趣呢?

第二，不要使你的话听起来像是在自言自语。声音过低或者不清晰，听起来同样让人觉得你不确定。你可能本来就不打算让对方听到你的这些话，但是他们模糊地听到了，却不知道你讲的是什么，他们就会产生怀疑，猜测你正在说一些对他们不利的东西。

第三，如果你的牙齿紧紧靠合，或者更加糟糕些，你的双唇像腹语者一样紧闭不动，那么毫无疑问，你正在用鼻音说话。用鼻音说话导致的最大问题就是发音含糊不清。这样对方会以为你在抱怨，而你则会显得恹恹而无生气，非常消极。

第四，如果你的声音像飞机降落时候的制动声，对方会感到你十分可厌，因此不去听你讲话。过高的声音会使你的讲话具有攻击性，他们会以为你正处在一种压倒、胁迫他们的立场，而这不是他们所愿意的。所以，当你喊着要大家听你的话的时候，没有人会愿意听从你的意见。

第五，你可能会造成这样的情况：当到了一句话的结尾或者关键的地方，你的声音慢慢地低下去，最后就没有了。这样会使句子听起来不完整。你要相信，对方不会愿意去猜测你后面到底讲了什么东西。

第六，要想声音娓娓动听，最好不要夹杂地方口音。当然，如果你确实要用的话，你必须运用某种方法进行强调，而不要让人们以为你的发音不标准。

第七，无论你的意图如何，它最终都是通过声音来表达的。因此，如果你的声音里含有傲慢、蔑视或者其他消极的情感因素的话，你就会伤害听你讲话的人，或给别人不受尊重的感觉。

当你处于一种消极状态的时候，如果你将它掺杂到你的声音中，人们会把它想象得比真实情况要糟糕得多，转而分散自己的注意力。比如，你稍微的挫折感可能被理解为歇斯底里，而你的失望可能被理解为绝望。因此，你必须在你的语调中显示出你诊治后的感情来，这样才能以积极的方式去吸引对方的注意力。

请修饰好你的声音：

（1）声音不是一成不变的，你必须使你的声音富有变化。

（2）注意自己的发音，你需要扎实地练习。

（3）声音是你与听众交流的工具，你需要彻底掌握好它。

技巧二：语调可以让语言生动有趣

卡耐基的忠告： 语调就像说话者的表情一样，向对方传达着某种言外之意的感染力。

第一次世界大战后不久，一天，我闲逛进了海德公园，走到了大理石拱门附近——我知道经常有各式各样的人在那里谈论关于各种宗教信仰和政治的话题，并且想听听他们的谈话。当时我看到一位天主教徒正向人们解释教皇无谬论，之后又听了一位社会主义者对卡尔·马克思的意见。最后，我还听了一个男人关于多妻制的高论。

我注意到在这三位主讲人周围的听众人数的变化。一开始，那位鼓吹一夫多妻制的演讲者的听众最多，但是到后来，他的听众越来越少，而围绕在另外两个演讲者周围的人却越来越多。你知道这是为什么吗？难道是因为话题的原因吗?

我对这个问题进行了研究。我发现，那位多妻制的鼓吹者自己好像对讨三四个老婆并没有多大的兴趣，他的语调听起来也一点都不高兴，人们因此觉得他讲得很枯燥无味；那两位拥有完全对立观点的天主教徒和社会主义者，却都沉浸在自己的演讲当中——他们情绪高昂，并且挥动着手臂，声音高亢而充满信念，散发着热情和生气，这种热情感染了人们。原来，正是演讲者不同的态度和语调引起了听众人数的变化。

语调就是说话人的语气和声调的变化结合，它表达了话语中包含的情感。在说话的时候，你需要让语调来表现出比你说话的具体内容更多的信息，或者说，语调实际上也是你说话内容的一部分。比如，当你的话听起来很真诚的时候，你实际上是在对对方说："我所想的就是我所说的，我所说的就是我所想的，我这样做实际上是对你的尊重。"这样一来，对方自然会更加相信你所说的话。

我相信你也听过类似于这位鼓吹一夫多妻制的演讲者的讲话，他们的语调平淡、生硬，没有激情，他们对自己所讲的题目没有表现出多大的兴趣，好像在有气无力地念书稿一样。这样的说话方式能吸引你吗？当然不能。

为什么很多人讨论的话题是很有吸引力的，却并没有起到预期的效果呢？实际上，语调传达的信息远比我们想象的要多得多。语调就像说话者的表情一样，向对方传达着某种言外之意的感染力。当你听到一个人的电话的时候，如果他的语气热烈，那么你即使没有见到他，也可以判断出他很高兴；但是如果他的语气很平淡，那么即使他告诉你一件值得高兴的事，你也会认为这没什么好高兴的。

懂得说话的人，不仅会塑造自己的个性声音，使其悦耳动听，而且他们的语气和语调也很有感染力，总能拨动人的心弦，引起对方的共鸣。据说，一个意大利演员用悲怆的语调朗诵阿拉伯数字，听的人居然被感动得凄然泪下，而一位中国艺术家朗诵菜谱则像诗歌一样动听。又比如，普普通通的一个语气词——啊，运用不同的语调，可以分别表达"我明白了""没听清""惊讶""终于知道了"等诸多含义——这正是语调使得你的说话变得声情并茂。

很多人存在这么一种错误的认识，他们认为语调和嗓音一样，都是天生的，并没有意识到自己的语调存在着问题。要注意的问题是，这种不当的声音会让对方很麻木，并同时失去对说话内容的注意力，从而没有心思去思考你说话的内容，而有语调的声音则会产生完全相反的效果。

我们走入了这么一种思想误区，很多时候我们花费更多的心思寻找说话的内容，但是最终搞砸我们的却是我们的语调。拿起听筒，听到一个"喂"

字，无须再多说什么，从这一个字里，我们就已经知道男朋友是不是还对我们拥有火一般的激情、母亲是不是没有睡好觉、好友是不是已经顺利通过了考试……如此众多的讯息，都在这么一个声音的变化——语调中。

“嗓音是身体的音乐，语调是灵魂的音乐”，这句话说得很对。我们悲伤的时候，语调是苍白空洞的；经过一夜狂欢，我们的语调变得有气无力、底气不足；一个星期的海边度假，又可以让我们的语调重新恢复活力和弹性。

你注意到你声音的语调了吗？是慷慨激昂的，还是抑扬顿挫的？或者是平和舒缓的？选择合适的场合运用好你的语调，可以让你的声音同样表达出丰富的表情。

重视语调，增进沟通效果：

（1）面对不同的人、不同的场合以及不同的话，我们需要不同的语调。

（2）语调使你的说话更富有生命力。

（3）语调表达出的意思比你想象中的要多得多。

技巧三：张弛有度，说话不拖泥带水

卡耐基的忠告： 社交语言要简洁、精练，并尽可能地承载更多和更有用的信息。

说话要有节奏，该快的时候快，该慢的时候慢，该起的时候起，这样有起伏，有快慢，有轻重，才形成了口语的乐感和悦耳动听，否则话语不感人、不动人。口语中有规律性的变化，叫节奏。有了这个变化语言才生动、否则显得呆板。有位意大利的音乐家，他上台不是唱歌，而是把数字有节奏地、有变化地从1数到100，结果倾倒了所有的听众，甚至有的听众感动得流下了眼泪，可见节奏在生活中是多么重要。

你肯定希望自己能够给人干练、明快的印象，那么，你就必须掌握好说话的节奏，这就是说话节奏的魅力所在。影响说话节奏的主要因素有两个：讲话的快慢和说话内容的简繁。如果你说话太快，以至于某些词语模糊不清，他人就会听不懂你所说的东西，节奏太慢又会表明你过于拖沓，过于迟钝。在语言交流中，讲话的快慢程度会影响你向对方传达信息。速度太快就如同音调过高一样，会给人以紧张和焦虑的感觉。

华特·史狄文思在《记者眼中的林肯》一书中说道：

“他（指林肯）会以很快的速度说出几个字，但是遇到他希望强调的词句时，就会拖长声音，一字一句说得很重。然后，他会像闪电一样迅速地把整个句子都说完……他会尽量拖长所需要强调的字句，差不多与说其他五六句不重要的句子所使用的时间一样长。”

下面你尝试着说出下面一句话：“今天我们要向大家介绍的就是我们公司的这款商品。”当你在说这句话的时候，你可以先用平缓略低的声音说到“公司的”这三个字为止，然后稍作停顿，热情地大声说出“这款商品”。利用这种技巧你一定能够收到意想不到的效果。

但是需要注意的一点是，我虽然并不反对你刻意延缓某些词句的速度，以突出这些或另外一些内容（这根据你的音调来决定），但是，如果你整篇说话或者大部分篇幅都这样，我则建议你千万不要这么做。因为这处处刻意的拖延手法，会让人觉得非常厌烦，最终不堪忍受，如此便达不到你所预期的效果。

我们在说话中，需要明确这么一个说话的目的：社交语言要简洁、精练，并尽可能地承载更多和更有用的信息。这样才能使你的说话节奏明快，使听众觉得你果断、直接和对说话内容肯定。知道了这一点，那么你就不难明白为什么有些人在表达自己观点的时候陈述得太多，而且持续的时间太长，结果遭到了彻底的失败。林肯在葛底斯堡讲话中，他只讲了两分钟，全篇讲话才不过226个字，但是他的竞争对手爱德华·伊韦瑞特却讲述了两个小时。结果不难得知，林肯获得了成功。

因此，为了使你的说话不拖泥带水，你最好确保自己的信息简短、直接。为了达到这一点，你可以采用下面的方法来安排你需要表达的信息。

第一，表达的信息要直接

你需要尽快地直达主题，让对方更为直接地了解你所要表达的意思。这样你所要表达的信息才会听起来更加清晰明了。但是很多人却总喜欢旁敲侧击。殊不知，这种做法容易分散对方的注意力。

第二，用最简洁的词汇

对于你要陈述的重要观点，你需要记住这一点：词汇或句子越少越好。有这么一句老话可以很好地表达我的意思，它是这么说的：“我问你几点钟，你不用告诉我表的工作原理。”

话虽如此，但是事实却并不是这样。明明可以用少数词句就可以表达清楚的观点，很多人却总是喜欢用过多的词句，甚至堆砌故事、人物、数字来说明他的主题。你需要避免过多的修饰，它只会损害你的表达。

一个十几岁的孩子第一次参加正式的舞会，他的父亲这样教导他说：“你也许不应该在今晚的舞会之前、之中或之后喝酒。”

这位父亲在这句话中犯了哪些错误呢？首先，像“也许”这样缺乏说服力的限制词或关联词，听起来叫人不那么肯定你要表达的究竟是什么意思，对方可能不明白你所肯定的是什么。其次，“之前、之中或之后”这样的词汇无非就是要说明不允许他喝酒这么一个目的，何须加这么多修饰的词语呢？这样就给人留下不果断、不直接和不坚决的印象，还会使你的表达不够简洁。

第三，明确你的中心思想

你所说的话中，也许存在多个主题，这样的结果是什么呢？这将使你和对方的精力都被分散。实际上，你要把一个主题讲得很透彻十分困难，所以更不可能把每个主题都讲透。如果非得这样，那么每个主题你都只会浅尝辄止，因此跟对方讨论各种话题会影响你主要观点的表达。

此外，很多人喜欢注重细节的描述。这并没有错，但是你必须注意一个前提，即不能影响你的主题的表达。如果你把精力和时间都放在这些细节中，那么，你的信息重点就会不清晰。千万不要期待对方花费更多的努力、精力或时间来分析解读你的观点，大多数人都不愿意这么去做。所以，通过你的表达，让对方直接得到重要的信息，这才是最重要的。

如何正确地表达你的想法：

（1）不要过多地重复你说话的内容，你可以适当地重复从而强调相关的内容，但是你必须保证自己是有意识这么做的，而且尽量让对方知道这一点，不然他们会怀疑你很拖沓。

（2）你需要尽可能简单明了地把你的意思表达清楚。

（3）你可以修饰你所说的话，但是你的意思必须让对方明白。

技巧四：非语言信息比语言更富有内涵

卡耐基的忠告： 非语言信息所传达出的信息比语言本身更富有内涵。

柯恩登在为林肯写传记时，用这样的文字来描写他：

“林肯更加喜欢用脑袋来做姿势，他会经常甩动头部。当他想要强调某个观点的时候，这种动作特别明显。有时，这种动作会戛然而止……随着演讲的进行，他的动作会越来越随意，最后趋于完美。他有完全属于自己的自然感和特点，这使得他变得很高贵。他瞧不起虚荣、炫耀和做作……有时为了表示喜悦，他会高举双手大约成50度，手掌向上，看起来好像要拥抱那种情绪。当他想表现厌恶时——比如对黑奴制度——他就会举高双臂、握紧拳头，在空中挥舞，表现出强烈的厌恶感。这是他最有效的手势，表现了他最坚定的决心，看起来他好像要把这些东西扯下来烧了一样。他总是站得很规矩，双脚并齐，绝不会一脚前一脚后，也绝不会扶在什么东西上面。在整个演讲中，他的姿态和神态只有稍微的变化。他也绝不乱喊乱叫，不会在台上走动。为了使双臂轻松，他有时也会用左手抓住衣领、拇指向上，而只用右手来做手势。”

林肯的肢体语言所呈现出的信息是如此丰富，圣·高等斯还根据林肯演讲时的一种姿态为他雕塑了一座雕像，立在林肯公园内。当然，你没有必要一定要模仿林肯的姿势，但是你一定需要注意你的姿势。

你要知道，非语言信息所传达出的信息比语言本身更富有内涵。你的体态，包括你的表情、身体姿势和手势所传达出的信息构成了你的一种肢体语言。这种信息更具有丰富的意义和说服效果，成为你个性魅力的展示，并作为你独特的形象深入人心。

你需要更加完善和丰富你的体态，可以从下面几方面着手来做。

第一，面部表情

面部表情具有极其丰富的含义。人们常说眼睛是心灵的窗户，那么，脸就是心灵的外观，你的所有情绪都写在你的脸上——如果你不是一个善于控制情绪的人的话。无论如何，你可以而且往往会通过表情传达更多的信息。

表情有喜怒哀乐，但是对说话的人来说，一般情况下最重要的表情是微笑，它是拉近你和对方距离的最简单有效的方法。当然，还有更多的表情，这要看你的说话内容而定了。

第二，身体姿势

在你讲话之前、听话的过程中——尤其是在演讲的时候——如果你必须面对对方坐下，你就必须注意坐姿。不要四处张望，那非常像是一只动物在找一处可以躺下来过夜的地方，而不是对与对方谈话更加有兴趣。

在你坐下来的时候，不要玩弄衣服或别的什么东西，这会分散对方的注意力，而且这样会使人觉得你不够稳重、没有自制力。所以，你必须保持静止状态，控制自己的身体。

当你准备讲话的时候，不论你是站着还是坐着，挺起你的胸膛，显出你很有自信的样子。不要等到面对听众时才这么做，你平时就需要这么做。

罗瑟·古里柯在《高效率的生活》一书中说，现在，10个人中都找不出一个能让自己保持最佳状态的人。可见，很多人都还没有意识到身体姿态对于说话的重要性。他建议我们平时就要注意这方面的练习，在说话的时候更要“让自己的脖子紧紧贴住衣领”。

第三，手势

手是人类身体最灵活的部位，手的表情——手势使人类肢体语言具有最丰富的内涵。手势语言是人类在漫长进化历程中最早使用的一种沟通工具，手势语言是运用手指、手掌和手臂的动作变化来传达信息的一种无声语言。它使用的范围很广，便捷、灵活、变化多样，不仅能辅助有声语言，甚至有时还可以替代有声语言。正因为此，有人称手势语言为人类的“第二语言”。

手势是最自由和最强有力的体态语，也正是这个原因，人们往往也最容易犯错误。我将重点讲述手势语，主要讲当你站着讲话时的手势。

那么在讲话时，你应该如何利用好你的双手呢？在你开始讲话的时候，最好忘记自己的手，你不用担心会失去它。它们会很自然地下垂在身体两侧，那是最好的一种姿态。当然，在需要的时候，你会记得用它们来做出恰当的手势的。

大多数人也许会保持这么一种姿势，他们要么把手放在背后，或者插入你的口袋里，或者放在桌子上，因为这样做能减少你的紧张感。这时，你更没有必要在乎它。许多人都是这么做的，即使伟大如罗斯福总统有时也会这么做，好像这种姿势具有非常大的诱惑力似的。

在我的教学生涯中，我曾经依照教科书里面所说的东西来教授我的学员，让他们学会如何采用姿势。我只是照搬老师灌输给我的那些理论，从而养成了一些坏习惯。我永远无法忘记第一次上演讲课的情形。

老师叫我把手臂轻轻地垂在身体的两边，手掌朝后，所有的手指蜷曲成一半，大拇指碰着大腿。然后，我举起手臂，画出一道弧线，以便让手腕优雅地转动。接着，我再张开食指，然后张开中指，最后是小指。当我全部完成这套看起来相当完美的动作后，手臂还要回到刚才的那道弧线，再放到身体两侧。

实际上，这套生硬的动作在我讲话的时候没有丝毫用处，而我却用它来教我的学员。有一次，我看到20个人同时在做这样的姿势，他们都像打字机一样机械地做着动作，显得十分可笑。其实，从来没有一套标准的手势是适合所有说话者的，除了一些经验之外。每个人都是从自己的内心出发并根据自己的思想和兴趣来培养的。唯一有价值的手势，就是你天生学会的那一种。

手势完全不同于衣服，衣服可以穿上换下，而手势却是发自内心的，就像大笑、腹痛、晕船一样。一个人的手势，是属于他个人的东西。

在讲话的时候，政治家布莱安经常会伸出一只手，把手掌摊开；格雷斯顿则经常拍桌子或者踏地板，发出很大的声响；罗斯伯利则会高举右臂，然后用力向下挥动。这些演说家都具有深邃的思想和坚定的信念，都使他们的姿势强而有力、出于自然。自然和有活力正是行动的最佳表现。我们既不能邯郸学步——身材高大、动作笨拙的林肯不能用短小精悍、动作敏捷的道格拉斯的手势，也不能刻意地让自己做出某种姿势。

多年前，我有幸听到了吉普希·史密斯的传道——他曾使几千人信奉了基督。他使用的手势很自然，一点都不做作。只要你练习运用这些原则，你就会发现，你也是用这种方式在做出你的手势。我无法举出任何法则好让你去遵守，因为这一切都取决于讲话者的气质、他的热情和个性、他准备的情况，以及讲话的主题、对象和场合的情况。

既然如此，我们只要随心所欲地发挥就好了，只有那些你内心当中的冲动和欲望才是最值得信任的，这些东西给你的指导最重要。但是你还是需要注意下面几点，以更好地提升你说话的力度，塑造你完美的形象。

（1）不要过多地重复同一种手势，那将会让你给人枯燥的印象；

（2）不要用肘部做短而急促的动作，由肩部发出的动作看起来要好很多；

（3）手势不要结束得太快。

不说话的语言更具说服力：

（1）你的体态会影响到对方对你的判断，因此，请尽量使用积极的体态。

（2）最自然的姿态就是最正确的，注意不要使用做作的姿态或表情。

（3）愉快的面部表情使你看起来诚实而友好。

技巧五：让别人更容易接受你的观点

卡耐基的忠告： 使你的语言通俗化，使你的语言成为人人能懂的语言，这样你就算是达到了说话的最高境界。

我的一位学员，他作为一名医生曾经在班上这样开始他的讲话：

“横膈膜是这样一种东西，如果它被用来呼吸的话，将会明显地帮助肠子的蠕动，而这对你的健康有很大的好处。”

他想接着讲其他的东西，可是老师打断了他。老师让听懂了这句话的人举起手来，结果出乎这位医生的意料，没有一个人举起手来。也就是说，没有一个人听懂了他的话，老师要求他对那句话进行解释，告诉他在让大家知道那东西究竟是什么样的以及究竟如何工作之前，先不要急着往下说。于是那位医生解释道：

“横膈膜实际上是一种非常薄的肌肉，它的位置在胸腔底部和腹腔顶部之间，它会随着胸腔和腹腔的呼吸而变化。当胸腔呼吸的时候，它会被压缩，就像一只倒置的洗刷盆；而当腹腔呼吸时，它就会被往下推，使它成一个平面，而此时肠胃会受到挤压。而它的这种向下的推力，会按摩和刺激腹腔的上部器官，比如胃、肝、胰，等等。当人们呼气的时候，胃和肠又往上推压横膈膜，这样的话，就相当于做第二次按摩。这种按摩有助于人体排泄。许多人的身体不舒服，主要是因为肠胃不适，而一旦我们的肠胃因为横膈膜的按摩而得到适当的运动，那么大部分的不舒服都会消失。”作了这番解释以后，虽然麻烦了一点，但是学员们都听懂了他的话。

我们很多人在讲话的时候，都会犯和这个学员一样的错误——他们讲着自己很了解的东西，并且以为听众也一定会了解。其实，这个问题并不难解决，而是常常被说话者所忽视。

我因为职业的原因听了无数次演讲，但是其中一些演讲因为演讲者的疏忽大意而失败了。分析其失败的原因不在于他们的专业知识不牢靠，恰巧相反，他们说了只管大谈特谈专业。显然他们完全不知道，作为一般听众对他们的行业是缺乏了解的。这样的结果可想而知，虽然他们高谈阔论，大量使用工作中常用的词汇，却使得那些外行听众根本不了解他们所说的话。

不只是在演讲中存在这种情况，实际上，几乎所有牵涉到从事不同行业的谈话者的谈话都存在这样的问题。这种不经意的忽略使谈话失去了本来应该有的效果。所以，如果你想使你的说话更能够被大家理解，你就必须学会使你的语言通俗化，使你的语言成为人人能懂的语言，这样你就算是达到了说话的最高境界。换句话说，你所说的话需要通俗易懂，让更多人听明白。

如何把话说得更通俗一些呢？很多人面临的最大问题可能就是使用了一些专业词汇，也就是我们前面所说过的“术语”。这些词汇只有与某项工作有关或者某个特定研究领域的人才能够真正理解。另外，有些行业可能会创造一些只有本行业人员才懂的缩略语，这些语言通常是仅由首字母组成的。对不熟悉它们的人来说，运用这些词汇的时候，他们可能并不知道你说的究竟是什么意思。而由于很多原因，一般人是不会站起来说明他没有听懂的。所以，他们很可能会微笑，然后带着困惑离开。所以，在有必要使用这些专业术语的时候，你要确保这些术语能够被他们所理解。

比如，你在对一位家庭主妇讲解为什么冰箱需要除霜的时候，有可能会这么讲：

“冷冻的原理是这样的，蒸发器从冰箱内吸收热量，然后散发到冰箱外面。这时候，被吸出来的热量伴随着湿气，这些湿气会附着在蒸发器上，形成很厚的一层霜，导致蒸发器绝热，而且使马达频繁地工作来进行补偿。”

对那些家庭主妇来说，这段话可能相当于什么都没说。你其实完全可以这么说：

“蒸发器的作用，就好像吸风机一样，把冰箱里的热量都吸出去，使冰箱能够冰冻你的东西。各位在打开冰箱的时候，一定会发现你的冰箱放肉的那一层上结有一层霜，这些霜就是结在蒸发器上的。霜越结越厚，就好像越来越厚的石棉一样，使蒸发器和冰箱里面的空气隔开，从而没有办法正常吸热。这样，你的冰箱的冰冻效果就会越来越差。这时，马达只有不停地运转，才能保证冰箱里的冷度，但是这会减少你的冰箱的使用寿命。为了使马达运转得慢一点，以使你的冰箱不那么吃力，我们必须想办法把这些霜除去。而如果在冰箱里装一个自动除霜器，就可以做到这一点了。”

在面对更多人的场合说话，你应当如何确保你所说的话被更多人所理解和听懂呢？印第安纳州前参议员比佛里吉有一个关于这方面的建议：

“最好的办法，就是在你的对象中选取一个看上去最不聪明的人，然后尽量使他明白你所说的话。你只能用最通俗的话来讲述，尽可能清晰地表明你的观点，这样才能使他听明白。还有一个好的方法，就是把目标锁定在那些由父母陪同的小孩身上。然后，你需要不断地提醒自己——自然，你也可以把它向对方说出来——你要尽量讲得简单明白一些，让所有人都理解你的解释，并且记住它，而且还能将你讲的东西讲给别人听。”

有一次，我去听一位证券经济商的演讲，听的人都是一些家庭妇女，她们想了解一些关于银行和投资的知识。这位演讲者一开始就使用了简单通俗的语言和幽默轻松的方式，以使她们放松下来。他把她们所关心的问题都说得清清楚楚，更加重要的是，他把一些专业术语，比如“票据交易所”“课税”和“偿付”等，都用简单通俗的话解释得非常清楚。结果，这场演讲获得了空前的成功。人们对他非常感激，并且都主动找他咨询投资方面的事情。

如果你所说的话不能被其他人所理解，或者超出了他们所能理解的范围，那么无论对你还是听众来说都是一种折磨。曾经有一个传教士想要把《圣经》翻译成他传教的地方的语言。其中有这么一句：“虽然你的罪恶一片鲜红，但是它终将白如雪花。”一般情况下是逐字翻译这句话，但是现在他却遇到了问题。这些土著人根本没有扫除积雪的经验，甚至连“雪”这个字都不认识，他们根本不知道雪和煤炭有什么差别。但是当地有椰子树，人们都很熟悉。于是传教士就把“雪花”和“椰子肉”联系了起来。最后，那句话被翻译成：“虽然你的罪恶一片鲜红，但是它终将白如椰肉。”就这么一句巧妙的改动就让对方很容易理解你的话了。

只要你用心一点，把话说得更通俗一点，那么浪费在这方面的精力和时间绝对是值得的。语言有千差万别，而语言的表达方法也会各不相同。最好的做法是，用最通俗的语言表达你的观点，而不是用许多母语或者想当然去表达你的想法。

▶▶ 请处理好沟通中的小细节：

（1）你需要对对方的情况进行慎重的分析，比如他们的受教育程度，以尽可能地让自己的讲话通俗易懂。

（2）不要把你的词汇当成大家都应该懂的词汇，这并不能使你显得更加高明。

（3）当你不得不使用专业词汇的时候，务必对它进行详细的解释。

技巧六：使语言变得更有说服力

卡耐基的忠告： 运用人们熟悉的东西来说明他们不熟悉的东西。

如果想要在辩论中取胜，你必须采用各种各样的更容易为人所接受的方法来改善自己的话语，以使它更有分量，使人们更加相信你。而这种方法就是通常所说的修辞。如果你注意了的话就会发现，律师之所以能言善辩，正是因为经常用到它。

通常我们所用到的修辞有如下几种，我在这里进行简略的说明。

第一种，比喻

“天国就像酵母，人们把它放到玉米粉里面，它就会全部发酵完毕……”

“天国就像寻找珍珠的商人……”

“天国就像撒入大海中的网……”

“天国”可能不是人们所熟悉的，而酵母、商人、网则是为大家所熟悉的东西。正是运用了这些精彩而贴切的比喻，才帮助人们更加容易理解说话者的意思。

这些话正是在解释“天国”时，采用的一种非常好的方法，那就是运用人们熟悉的东西来说明他们不熟悉的东西。

比喻之所以更为人所接受、更形象生动、更具有说服力，就在于运用两者类似的地方进行比较，就更加容易让人明白。

第二种，夸张

在说话的时候，如果你想要强调某一点，适当地运用一些夸张将是一个非常好的办法。你是不是有时候也会这么去做？当你想要对方快一点的时候，你可能会对他说："希望你弄完的时候，我还不至于变成'木乃伊'！"你和对方都知道，你至少在这么短的时间里变不成"木乃伊"，但是你却很明显地夸大了事实。

实际上，这种修辞方法就在于刺激别人的神经，让别人考虑到你所认为的对方的某种做法可能会产生严重后果。比如，你也许会说："你这样做，就好像是打开了潘多拉的盒子。"而他肯定也知道你说这话的意思。

第三种，反复

以相同的节奏重复同一个意思，这种修辞方法就叫做反复。

这种修辞方法的好处在于，你不仅能够把听众的注意力吸引住，从而让他们知道你的主要观点是什么，而且能够将你的主要思想与整个演讲融为一体。

比如，一个演说家在谈论某个部门的时候说：

"这个系统，它有着糟糕的公众服务，政府雇员的数量却远远超过了工厂。"

"这个系统，它有着一个好管闲事的政府，每时每刻都准备插手你的商业事务和私人生活。"

"这个系统，它吞噬了整个国家将近一半的财政预算。"

通过这种反复的修辞方法，这位演说家让听众相信了这个部门确实存在很多问题而急需改革了。

第四种，引用

我们常用"引经据典"的修辞方法来加强说服力，实际上，这种修辞方法是我们最常用到的。我就经常在本书里大量地引用著名演说家（比如林肯）和学员的故事来说明我的观点，事实证明，这样的确收到了很好的效果。

有时候，我们并不打算引用一个冗长的故事，而只选择了某人说过的某一句话，甚至某一个词。

还有这样一种情况，我们有时候引用一句古话（比如中国的古话）或俗语来说明我们的观点，这样也非常有效。引用不仅简单有效，而且会使你的话更有说服力。

第五种，反问

当你在表达一个观点的时候，一方面，你认为事实明明就是这样的；另一方面，你可能并不需要听众回答这个问题，那么，你可能会说："难道不是这样吗？"这种修辞方法就是反问。反问的修辞方法只是为了吸引听众对你的问题的注意，它常常被用在结论和过渡中。

但是，反问的作用远远不止于此，让我们看一则故事。

有一次，伟大的拿破仑骄傲地对他的秘书说："布里昂，你知道吗？你将永垂不朽了。"布里昂并没有明白他的意思，问拿破仑为什么这么说。

拿破仑说道："你不是我的秘书吗？"

布里昂明白后，不甘示弱地对拿破仑说："请问，亚历山大的秘书是谁？"

拿破仑没有答上来，他赞扬布里昂说："问得好！"

你明白这段对话的奥妙吗？拿破仑的意思是，因为布里昂是他的秘书，所以会扬名。但是，布里昂却表示自己不愿意靠别人出名，所以反问了拿破仑这么一句话。他问拿破仑那句话的意思是，伟大人物的秘书不一定就会出名。但是，因为拿破仑是他的主帅，他不能直接反驳拿破仑的观点，所以用反问巧妙地表达了自己的看法。

有时候，反问可以表达更多的意思。正如拿破仑的这位秘书一样，如果你想说服一个人，最好的方法就是举出例证反问之，这样比正面辩论要有更大的说服力。

第六种，对比

对比是指同时列出两个相反或者相对的事物。对比确实能够使原本平淡无奇的话变得精彩，使你变得很雄辩。我们先看查尔·狄更斯在《双城记》里是如何巧妙地运用对比这种修辞手法的：

“那是最美好的年代，也是最糟糕的年代；那是智慧的时代，也是愚蠢的时代；那是信仰的时期，也是怀疑的时期；那是光明的季节，也是黑暗的季节；那是希望的春天，也是绝望的冬天。在我们前面，堆积如山，也一无所有。我们全都奔向天堂，也全都走向地狱……”

听起来如何？是不是很打动人？你也很希望如此优美、能说服人的句子出现在你的话里吧！不用去管为什么这种修辞方法会出现这样的效果，这些问题可以留给语言学家或心理学家去解答，你只要知道它有用并尽量去用就行了。

你在鼓励大家尽快完成任务的时候，可以说：“让我们停止空谈，开始行动。”而当你在提醒大家不要浪费粮食的时候，你可以说：“你现在的确吃得很饱，但是这个世界上有很多正在挨饿的人。”如果你需要更多的例子，你可以自己去发现和总结。

第七种，排比

“我们在此坚决地表示：要让他们的死有价值；要让这个国家在上帝的保佑下，得到自由的新生；要让民有、民治、民享的政府不会从这个地球上消失。”

这是林肯在他著名的葛底斯堡演讲中的最后部分，林肯在此运用了两个排比。（中英文排比有所不同。在英文中确实有两个排比句——编者注）这使得原本平淡无奇的话变得生动和有气势起来，从而对听众产生了非常大的感染力。

排比就是将3个或3个以上同样的句式放在一起，而不是表达同一种意思。你可能也曾经看到过许多这样的例子。排比的独特优点还在于它对任何话题都适用。无论你要讲的是什么，你总能用上这种修辞方法。

掌握了以上这些修辞方法我们就可以更好地表达我们的意思，操控语言这门艺术。你不用因为需要掌握这么多修辞方法而烦恼，实际上，正是因为它多，才使你的说话变得更有说服力。关于更多的修辞方法，你可以找相关的著作来看。

修饰语言，它就是你的武器：

- 使用引用，听众更容易理解你的观点。
- 使用反复，强调你的重要观点。
- 使用对比，使你的演讲更具有说服力。
- 使用排比，使你的演讲更加有气势。

THE ART OF
COMMUNICATION AND
WISDOM OF LIFE

下篇·影响他人的处世智慧

第五章
与人相处的九个基本原则

第一个原则：管住自己的舌头

卡耐基的忠告：在我们每个人都曾经历过的“沮丧”时刻里，如果我们不能对人说有益的好话，那我们最好还是什么也别说。

有句久经时间考验的名言：“你如果没有好话可说，那就什么也别说。”这句话应该作为大家一天之中该说些什么话的座右铭，这真是一句金玉良言。我在这里先讲一个故事，有一位国王要求他的两个大臣去寻找世界上两样东西：一件是世界上最好的，一件是世界上最坏的。两位大臣分别出发并按照国王指定的时间回到宫中，把他们找到的并认为是最合适的东西呈献给国王。第一位大臣打开盒子，展示出世界上最好的东西，里面是一条人的舌头；另一位大臣也把盒子打开，展示出世界上最坏的东西，里面放的也是一条人的舌头。

人的舌头可以说是世界上最好的，也可以说是世界上最坏的东西。因为在不同的场合中有人使用一句话就使得整场气氛热闹起来，也有人用一句话就破坏掉整个的气氛。《雅各书》中就说道：“颂赞和诅咒从一个口中说出，这是不应当的。”如果说出的话对人对己是没有益处的那还不如不说，与其说出来增加不必要的麻烦，不如“沉默是金”。因此，说话之前一定要三思，话到嘴边停一停，要首先想明白自己要说的话是好话还是坏话。

有智慧的人总是会管住自己的舌头，防止自己说错了话，以至于让流言四处传播。

一个人急急忙忙地跑到一位哲学家那儿，一见面就说：“我有个消息要告诉你……”

“等一等，”哲学家打断了他的话，“你要告诉我的消息，用三个筛子筛过了吗？”

“三个筛子？哪三个筛子？”这个人不解地问道。

“这三个筛子，第一个叫真实。你要告诉我的消息，是真实的吗？”“不知道，我是从街上听来的……”

“现在你用第二个筛子。你要告诉我的消息如果不是真实的，至少也应该是善意的。”那人踌躇地说：“不，正好相反……”

哲学家又打断了他的话：“那么你再用第三个筛子。我要问你，使你如此激动的消息是重要的吗？”“不算重要。”那个人很不好意思地回答。

“既然你要告诉我的话既不真实，也非善意，更不是重要的，那么就别说了吧！如此，那个消息就不会干扰你和我了。”哲学家说道。

有些人就是喜欢这样，平时不能够堂堂正正、诚实善良，却喜欢整天道听途说、搬弄是非，为一些鸡毛蒜皮的小事喋喋不休。这无论对于说话的人还是听话的人来说都是一种困扰，是没有益处的。这种人不是小人就必定是一个庸人。因此，会说话的人说话前要慎重地考虑一下，你所说的话是否对于事情的进展有利，或者是可以达到自己想要的目的和效果。

大卫的父母离婚后，他被判给了母亲，由母亲来抚养照顾他。由于手头拮据，母子二人只好搬到另一个城市去。大卫于是也要到一所新的学校去上课，并开始重新结交认识新的朋友。这些变化让他伤透了心。

他开始对那些父母没有离婚的孩子感到反感，而且经常因为很小的缘故或无缘无故跟人打架。在这种痛苦的生活中，他养成了对人过分苛求的习惯。他几乎对谁都没有一句好话。

一天，有个对大卫的情况十分了解的同学走到他身边。“我父母也离婚啦。”他轻声地说，“我知道你心里难受。不过，你得抛弃你的怒气和痛苦。你跟别人过不去，这只能伤害你自己。要是你没法说点儿什么好话，那你最好什么也别说。”

由于痛苦，大卫最初的确很难接受这位同学的建议，但既然情况似乎变得越来越糟，他就对自己的谈吐变得比较谨慎了。他经常把马上就要冲口而出的话咽回去，若是在以前，他的这些伤害人、挖苦人的话简直是没遮没拦的。他开始意识到他从前对身边同学的关心是多么不够。随着理解的扩大，他开始明白，像他一样遭受家庭变故的不只他一个人，许多其他孩子也经历过令人难堪的家庭解体。大卫开始想办法去鼓励他们，帮助他们处理好自己的痛苦与茫然。到学期结束时，大卫的态度产生了180度的根本转变，并获得了那些当初由于他管不住自己的脾气而与他疏远了的同学的好感。

无论是谁，在家里、学校里或工作中，都可能经历过精神上受到压抑的情形。当事情进展不顺利时，我们就往往忍不住责怪别人，我们或许认为，找别人的错，能使我们对自己所处的状况觉得好受点儿。但也可能是这样想的：“我不好过，你也别想好过。”

破坏性的语言，往往会产生破坏性的结果。在我们每个人都曾经历过的“沮丧”时刻里，如果我们不能对人说有益的好话，那我们最好还是什么也别说。要知道，除了会给周围的人造成不必要的痛苦之外，从我们口中说出的那些消极性的话语往往只会使问题变得复杂起来。

我们没有任何理由来说粗野和伤人的话，哪怕是我们在生活中遇到了难以应付的挑战也是没有道理这么做的。正如前面提到的那个父母离了婚的孩子，受着许许多多他无法理解、无法解决的感情和情绪的折磨。但他终于还是发现，贬低和伤害他人并不是解决问题的办法。通过客气和富有理解的言辞，或干脆怀着同情听别人说话，他终于学会了帮助他人；反过来，他又受到了周围人们的帮助，而他终于在自己身上找回了生活的勇气。

我们要学会管住自己的舌头，但是，真正能够管住自己舌头的方法就是释放出自己内心的思想包袱，在生活的各个方面，倘若人们背着沉重的思想包袱。这对他们自己和其他人都会产生致命的影响，因为这些思想问题所强调的是否定的而不是积极的方面。因此，重要的是我们要懂得，创造性的思想产生于不断寻找答案的过程之中。

当你情绪失控时，请记得：

（1）不愉快的时刻迟早会过去，如果我们的舌头没有闯祸，就不会留下需要医治的创伤。

（2）用破坏性的语言贬低和伤害他人不是解决问题的办法。

（3）不要让冲动的情绪来帮你解决问题，它只会将问题越弄越糟，最后连你自己都会失去目标。

第二个原则：要钓鱼，就要像鱼一样思考

卡耐基的忠告：培养自己从对方的角度去思考，如同从你自己的立场出发一样——如果你只学到这一点，就足以为你的生活道路打开新的一页。

我有个习惯，每年的夏天，我都会去梅恩钓鱼。我喜欢吃杨梅和奶油，然而我却不会用这些东西作为鱼饵，引诱鱼儿上钩。出于鱼的需要，我只用它们都爱吃的水虫来做饵。

当然，我也可以用杨梅或者奶油做鱼饵，然后和一条小虫或者蚱蜢同时放入水里，然后征询鱼儿的意见："嘿，你要吃哪一种呢？"基于钓鱼学问的这种思考，我们为什么不把同样的方法用来"钓"一个人呢？

因此，在与别人交往时，不要把对方自己都不在意的错误牢记在心，也不要指责别人——只有傻子才会那样做；要尽量了解别人，那才是明智大度、超凡不俗的人。要知道，对方之所以会那样思考，会那样行动，自然有他的理由。如果你能找出那个隐藏着的原因，你就会找到理解他的行为和人格的钥匙。

有一次，爱默生和他儿子想使一头小牛进入牛棚，他们就犯了一个一般人都常会犯的错误：只想到自己所需要的，却没有考虑到小牛的立场。于

是，爱默生用尽全力在后面推，他的儿子则在前面用力地拉扯小牛，而小牛也跟他们一样，只坚持自己的想法，只见它挺起它的腿，强硬地拒绝离开那块草地。双方就这么僵持着，谁也不肯让步。

爱尔兰女佣人看到了这一幕，虽然这个女人并不懂得如何写文章，但是她却非常熟悉牛马牲畜的感受和习性，因此，她立刻就想到了这头不听话的小牛究竟想要的是什么。女佣人走近小牛，把自己的拇指放进小牛的嘴里让它吮吸，小牛立刻变得非常温驯和听话了，顺从地跟着女佣人进入了牛棚。

瞧，面对倔强的小牛，聪明的爱默生也不如一位普通的女佣，因为他始终没有站在小牛的立场上来思考，而女佣却做到了。从我们来到这个世界的第一天起，我们的每一个举动、每一个出发点都是为了自己，为了我们的需要而做。

那么，试着使自己真诚地站在别人的立场来思考问题，站在别人的立场来说话。假如你对自己说："如果我处在他的情况下，我将有什么感受，会做出什么反应？"那么你就可以避免浪费时间和不必要的烦恼，因为"如果对原因发生兴趣，我们就不会讨厌结果"。

哈雷·欧佛斯托教授，在他一部颇具影响力的书中谈道："行动是由人类的基本欲望中产生的……对于想要说服别人的人，最好的建议是无论是在商业上、家庭里、学校中、政治上，在别人心念中，激起某种迫切的需要，如果能把这点做成功，那么整个世界都是属于他的，再也不会碰钉子，走上穷途末路了。"

当我们迫切要说服某个人时，不妨在开口前自问一下："我怎样使他要做这件事？"这样可以阻止我们不要在匆忙之下去面对别人，最后导致多说无益，徒劳而无功。我们看看别人是如何成功做到这点的。

芭芭拉·安德森原本在纽约银行工作的，但是为了儿子身体的缘故，想要迁居到亚利桑那州的凤凰城去。因此，她提前写了12封信分别寄给了凤凰城的12家银行。她的信是这么写的：

敬启者：

我在银行界的10多年经验，也许会使你们快速增长中的银行对我感兴趣。

本人曾在纽约的“金融业者信托公司”，担任过许多不同的业务处理工作，现在则是一家分行的经理。我对许多银行工作，诸如与存款客户的关系、借贷问题或行政管理等，皆能胜任愉快。

今年5月，我将迁居至凤凰城，故极愿意能为你们的银行贡献一己之长。我将在4月3日的那个礼拜到凤凰城去，如能有机会做进一步深谈，看能否对你们银行的目标有所助益，则不胜感谢。

芭芭拉·安德森谨上

安德森太太是否如愿以偿呢？结果，凤凰城的11家银行表示愿意面谈，因此，她还可以从中选择待遇较好的一家！为什么会出现这样的结果呢？安德森太太并没有陈述自己需要什么，只是说明她可以对银行有什么帮助。她把焦点集中在银行的需要，而非自己。这就是她成功的原因。

站在对方的立场说话，就这么简单。但是却有很多人，终其一生不知从对方的角度去看事情。

多年来，我常会到离家不远的公园中散步。公园边上有一块布告牌，上面写道：“凡引火者应受罚款及拘禁。”但这布告竖在偏僻的地方，很少有儿童看见它。负责看管这一篇的是一位骑马的警察，显然这位警察先生对自己的职务不大认真，火灾时常发生并且经常蔓延。

有一次，我跑到警察那里，告诉他公园里有一处地方失火了，火势正在蔓延，要他立即通知消防队。但是他却对此非常冷漠，说不关他的事情。为此，我自发地保护起公园的公共财产。

最初，我根本不了解这些放火的孩子们的观点。当我看到他们起火时，我非常愤怒，急于做好事。我骑着马冲上去，向这些孩子们警告，说这样会引起火灾并会被拘禁。我还用权威的口气命令他们把火扑灭，而且如果他们拒绝，我就威胁他们要把他们抓起来。

我发泄了心中的愤怒，全然不顾他们的感受，结果怎么样呢？那些儿童遵从了——怀着一种反感的情绪遵从了。但当我离开他们以后，这群反叛而充满仇恨的孩子们又重新生火，并恨不得烧尽公园。

许多年后，我对人际关系的知识有了更多的了解，更懂得从对方的角度看问题。于是，我不再下命令了，我会骑马来到放火的孩子面前，然后对他们这样说："孩子们，玩得高兴嘛？你们在做什么晚餐？当我还是孩子时，我也喜欢生火——我至今还很喜欢。但是你们知道，在公园中生火是很危险的。我知道你们会小心谨慎，但是别的孩子可不像你们这样小心。他们看到你们生火，也会照做，但是他们也许就忘记扑灭火，结果造成公园火灾，烧光树木。我希望看到你们快乐地生活，但是请你们把树叶拨得离火远些，好不好？在你们离开之前，你们要小心地多用些泥巴把火盖起来，好不好？那样就不会有危险了……多谢了，孩子们！祝你们玩得快乐。"

这种说法起到了很好的效果，孩子们非常合作，他们没有怨恨，也没有反感。因为我考虑到了他们的想法，他们能够接受，所以他们照做了。

许多推销人员，每天踏破铁鞋，疲累沮丧，所获却并不多。为什么呢？因为他们心里想的都是自己的需要。他们不知道你我并不想买什么东西，如果想的话，也一定会自己出门。顾客总喜欢主动采买，而非被动购买。

曾有过这样一个故事，几年前，我住在纽约一处名叫"森林山庄"的小社区内。一天，我匆匆忙忙跑到车站，碰巧遇见一位房地产经纪人。他经营附近一带的房地产生意已有多年，对"森林山庄"也很熟悉。我问他知不知道我那栋灰泥墙的房子用的是钢筋还是空心砖，他答说不知道，然后给了张名片要我打电话给他。第二天，我接到这位房地产经纪人的来信。他在信中回答我的问题了吗？这问题只要一分钟便可以在电话里解决，可是他却没有。他仍然在信中要我打电话给他，并且说明他愿意帮我处理房屋保险事项。

他并不想帮我的忙，他心里想的是帮他自己的忙。

亚拉巴马州伯明翰市的霍华德·卢卡斯告诉我，有两位同在一家公司工作的推销员，如何处理同样一件事务：

“好几年前，我和几个朋友共同经营了一家小公司。就在我们公司附近，有家大保险公司的服务处。这家保险公司的经纪人都分配好辖区，负责我们这一区的有两个人，姑且称他们做卡尔和约翰吧！”

“有天早上，卡尔路经我的公司，提到他们一项专为公司主管人员新设立的人寿保险。他想我或许会感兴趣，所以先告诉我一声，等他收集更多资料后再过来详细说明。”

“同一天，在休息时间用完咖啡后，约翰看见我们走在人行道上，便叫道‘嗨，卢克，有件大消息要告诉你们’。他跑过来，很兴奋地谈到公司新创了一项专为主管人员设立的人寿保险（正是卡尔提到的那种），他给了一些重要资料，并且说‘这项保险是最新的，我要请总公司明天派人来详细说明。请你们先在申请单上签名我送上去，好让他们赶紧办理’。他的热心引起我们的兴趣，虽然都对这个新办法的详细情形还不甚明了，却都不觉上了钩，而且因为木已成舟，更相信约翰必定对这项保险有最基本的了解。约翰不仅把保险卖给我们，卖的项目还多了两倍。”

“这生意本是卡尔的，但他表现得还不足以引起我们的关注，以致被约翰捷足先登了。”

欧文·杨是个著名律师，也是美国有名的商业领袖。他说过：“能设身处地为他人着想，了解别人心里想些什么的人，永远不用担心未来。”

“注意别人的观点，引起别人的渴望”，这并不能解释为“操纵别人，使他去做对你有益，而对他却有害”的事，而应该是说“双方都能因为此事而获利”。在安德森太太发给凤凰城12家银行的信里，在约翰向卢卡斯推销人寿保险的交易行为当中，双方都因处理事务的方式得当而彼此获利。

一个电话工程师，他无法叫3岁大的女儿吃早餐，无论怎么责备、哄骗或要求，都无济于事。这个小女孩喜欢模仿母亲，喜欢觉得自己已长大成人。所以，有天早上，这对父母就把小女孩放在椅子上，让她自己准备早餐。果然小女孩弄得十分起劲，一看见父亲进到厨房便叫道："爸爸，看，今天早上我自己调麦片！"她吃了两份麦片，完全不用哄骗，因为这不但使她兴趣盎然，更使她觉得"深具重要性"。她完全在调制麦片的过程当中，找到了自我表现的途径。

自我表现是人类天性中最主要的需求。我们也可以把这项心理需求适用在商业交易上。当我们想出一个好主意的时候，别让其他人以为那是我们的专利。不妨让他们自己去调制那些观念，他们会认为那是自己的主意，也会因特别喜爱而多摄取了好些的分量。

我们应记住，要首先引起别人的渴望。凡能这么做的人，世人必与他在一起。这种人永不寂寞。如果你读完本书后，只学到一件事情——培养自己从对方角度去思考，如同从你自己的立场出发一样——如果你只学到这一点，就足以为你的生活道路打开新的一页。

5分钟搞定陌生人的方法：

（1）了解别人心里想什么，你才能得到自己想要的。

（2）只有一种方法可以影响他人，那就是提出他们的需要，并让他们知道怎样去获得。

（3）成功的人际关系在于你能捕捉到对方观点的能力，还有，看一件事情须兼顾你和对方的不同角度。

（4）为人处世成功与否，全在于你能否以同情之心接受别人的观点。

第三个原则：喜欢对方，对方才会喜欢你

卡耐基的忠告：得到友谊的最佳方法是必须注重施与，而不是获得，但应该是亲自赢取得来的，而不是靠一时的吸引或哄骗。

我常听到许多人埋怨“我性情过于羞怯，很难引起别人注意”“没有人会对我感兴趣”，或是“别人并不想认识我”等。不错，别人为什么要喜欢你呢？这世界并没有义务非要喜欢你或我，或任何一个人。有什么特别理由别人会特别选中你（无论是工作或社交的理由）？除非我们具有他们所要的特质，否则，他们没有必要特别注意到你。

玛丽安·安德逊曾经很生动地描述她早期的生活，她那时事业失败，整个人很不得志，几乎就要放弃歌唱生涯。后来，凭借祈告和心灵的追求，她才逐渐恢复勇气和信心，准备继续为自己的事业奋斗下去。有一天，她兴致勃勃地向母亲说道：“我要再唱下去！我要每个人都喜欢我！我要继续追求完美！”

母亲回答道：“很好啊！这是很好的志向，但是，要知道，我们的主耶稣以完美的形象到这世界上来，却还是有人不喜欢他。人在成就伟大的事业之前，必须先学会谦卑。”玛丽安听了深受感动，因此决心在音乐造诣上“力求”完美，而不是“想要”完美。“谦卑先于伟大”，这是母亲给她的

最好赠言。

名作家荷马·克洛维是我的好朋友，十分懂得交友之道。凡是碰到他的人，无论是清道夫、百万富翁、妇孺老幼，都会在与他相处15分钟之内对他产生好感。小孩会爬到他的膝上，朋友家的仆人会特别用心为他准备餐点，而且假如有人宣布："今晚荷马·克洛维会到这里来！"则当天的宴会一定没有人缺席。除朋友间深厚的感情之外，荷马·克洛维的家人也都十分敬爱他。他的妻子、女儿，还有好几个孙儿女，全都对他称赞不已。

究竟这位作家是如何赢得这种幸福的？他既不年轻，又不英俊，更不是百万富翁，他有什么魅力可以吸引人呢？说来也很简单，就是待人诚恳、热爱他人而已。他一点也不矫揉造作，并且能让别人感觉到他真的喜欢、关心他们。对他来说，对方是什么人，或做什么事，他都不会在意。只要是身为一个人，对他便意义重大，值得付出关爱。每次他遇见陌生人，很快就能像老朋友一样交谈起来，并不是专谈自己的事，而是尽量谈对方的事。他借由问问题，可以知道对方是从哪里来、做什么事、有没有什么家人等。他也不会唠叨个不停，只是向对方表示自己的兴趣和关心，借以建立起友谊。

当然，为了要得到友谊和情爱，我们必须先认清"施与比受用更有福"，然后把这种认知用实际行为表现出来。我们不能只是把金矿藏在内心，黄金必须使用才能显示其价值，像《圣经》所说的："由所结的果子，便可认出他们来。"这种方法，连最爱嘲笑人生的人，都会像阳光下的花朵一样吐露芬芳。正像约瑟夫·格鲁大使所说的："外交的秘诀仅在5个字——我要喜欢你。"

由此我们知道了得到友谊的最佳方法是必须注重施与，而不是获得，但应该是亲自赢取得来的，而不是靠一时的吸引或哄骗。所谓赢取友谊的能力，并不是指勾肩搭背、与人攀谈、动作滑稽或讲些逗趣的笑话等。那应该指的是一种心境、一种处世的态度或是一种愿意把自己的爱、兴趣、注意力及服务精神献给他人的愿望。

通用制造公司的董事长哈瑞·布利斯在大学期间靠推销缝纫机为生，他总结说："要想在推销员这个岗位上取得成功，就要忽略自己渴望销售出去的数量，而应该集中心思向客户介绍自己能提供什么样的服务。"他的经验也正是所有有经验的推销员都认同的真理，对自己能否成功推销产品的担心会给心理造成障碍，这样会影响自己适当地介绍产品。

如果一个人将精力用在为他人服好务上，就会变得充满难以抗拒的力量。你怎么会拒绝一个企图帮你解决问题的人呢？

布利斯先生说："我对推销员说，如果他们一天到晚想的都是'我今天要尽力多帮助一些人'，而不是'我今天要尽力多卖出一些产品'的话，就会发现接近买主不是那么困难了。然后推销业绩会出奇的好。能够帮助同胞获取快乐、轻松生活的人，是最高级的推销员。"

打高尔夫球时，会有人叮嘱我们不要让眼睛离开球；向成年人传授说话技巧时，我们告诫学生要集中心思在他想要传达的信息上。紧张、害怕都是担心结果的表现，这是不可取的。我自己就是从吃过的苦头中学到这一点的。我曾经是一个害羞的人，天生不善于公开讲话，要我面对一群听众就好比要一个普通人面对国会调查委员会一样费力。

好几年前，我准备发表演讲，当时的听众据说相当难缠。我事前与一位好朋友共餐，免不了流露出紧张的情绪。"假如听众不同意我讲的话怎么办？"我神经兮兮地问这位朋友，"假如他们不喜欢我，该怎么办？"

"不错，"朋友回答道，"他们为什么要喜欢你呢？你能给他们干什么？你认为自己要讲的话很重要吗？"

"我承认那些东西对我来说，的确意义十分重大。"我说道。

"很好，"她继续说道，"我倒不觉得听众喜不喜欢你有什么重要。重要的是你有没有把要讲的信息传达出去。至于他们喜欢或讨厌你，又有什么关系呢？至少，你已完成了任务。"

朋友的这番话，改变了我对演讲的整个看法。现在，每当我准备发表演讲的时候，都会在事前先静心祷告："神啊，求你帮助我传达出对这些听众有益的信息来，让他们有所收获，满心欢喜地回家。"这样的祷告对我十分有用，而我也的确希望能对听众有帮助。这样的祷告使我谦卑地体会到自己只不过是个传达某些信息的演讲员，而不是要显露自己的学问或者风采。我的目的是要带给听众一些鼓舞性的思想，以期对他们的生活有助益。

《狗明星"强心"》的主演，好莱坞著名的喜剧之星J. 艾伦·布恩，在观察"强心"表演的过程中学到了不少东西。他后来把这些学到的东西编写成《给"强心"的信》，并成为一本畅销书。布恩先生介绍，这是一只很了不起的狗，总是欣然地执行他的命令，在电影中表演为剧情所需的各种动作。难得是它这么做，从来不是为了得到报酬，而是出于爱和享受把事情做好而带来的快乐。有好几次，"强心"都曾纯粹是为了自身的乐趣而表演。这也许正是它能成为电影明星的原因。

布恩先生还曾谈到有一次他面对一个跳舞的年轻女孩。她第一次试跳的时候，紧张得像新娘出嫁，怕自己会失败。于是他安慰她："不要在乎结果，只当是纯粹为了享受跳舞的乐趣而跳，为了上帝而跳吧。"很快地，女孩的心态来了个彻底的转变。

同理，获得友谊的全部秘诀也在于不要担心结果，不要在意别人是否会喜欢我们，现在就着手去做所有能激发爱和友情的事。在这方面，威廉·奥斯勒爵士的话很值得我们思索，他说："我们应该做的不是张望缥缈的未来，而是脚踏实地做好眼前的事。"现实的情形是，当我们还是处在做梦年龄的时候，常常梦想有朝一日要写出最伟大的小说来，想象别人是如何欣赏那本书，如何听到掌声，如何得到那永远的荣耀。

想象自己要穿什么样的衣服，所到之处，别人是如何赞美、追求、不断引用自己讲过的话。我们想了许许多多，就是从来不曾想过可能会遭到的困难，或是那些沉闷辛苦的工作，那些在创作过程中所要流出的泪和汗。我们想的都是有关荣耀的报偿，而不是如何努力去赢得这份荣耀。像这种幼年时期的幼稚行为，可说是典型的“一颗寂寞的心灵想要得到友谊”，或是“想要与他人建立良好关系”的心理表现。只是，我们把次序弄错了。我们是希望别人先来喜欢我们，却不曾想到要如何才能让别人喜欢。

为此，我们如果想要赢得更多人的喜欢，营造更广的人际关系，那么我们就应当认清这条真理：“真心地喜欢对方。”

如果你不知道如何与人相处时，请记得：

（1）凡不关心别人的人，必会在有生之年遭受重大的困难，并且大大伤害到其他人。也就是这种人，导致了人类的种种错失。

（2）天底下只有一种方法可以促使他人去做任何事——给他想要的东西。

第四个原则：用友善的方式说话

卡耐基的忠告： 强暴粗鲁的方法永远不可能赢得好人缘，只有友善的方法才能征服别人的内心。

“如果你握紧两个拳头来找我，”威尔逊总统说，“对不起，我敢保证我的拳头会握得和你一样紧。但如果你到我这儿来说，‘让我们坐下来商量，看看为什么我们彼此的意见不同’。那么不久我们就会发现，我们的分歧其实并不大，我们的看法同多异少。因此，只要我们有耐心相互沟通，我们就能相互理解。”

最欣赏威尔逊这些至理名言的，要数小约翰·洛克菲勒了。1915年，洛克菲勒还是科罗拉多州一个最受人轻视的人。美国工业史中流血最多的罢工潮在科罗拉多州持续动荡了两年的时间，愤怒而粗野的矿工要求科罗拉多煤铁公司增加薪水，而这家公司正归洛克菲勒所有。当时，房产被毁坏，军队也被调动出来，发生了多起流血事件。罢工的工人遭到镇压和枪杀，许多尸体遍体鳞伤。在那样一种充满仇恨的情况下，洛克菲勒却要使罢工者接受他的意见，而且他真的做到了，运用的正是这种方法。

他先是花了数星期的时间和工人交涉，然后又对工人代表发表演说。这篇演说可算得上是一篇杰作，而且产生了惊人的效果：它不仅平息了恐吓者要把洛克菲勒吞下去的仇恨，而且使他赢得了许多赞赏者。他用极友善的态度来阐明事实，使罢工工人回去工作，而不再提增加薪资的事。这是那篇著名演说的开始部分，且看它的字里行间所流露出来的友善精神。要知道，听洛克菲勒这次演说的人，几天前还打算将他吊死在酸苹果树上。然而面对这些人，他却再仁慈、再友善不过了，好像是在对一群传道士演讲。他的演说内容如下：

"今天，是我一生中值得纪念的日子，这是我第一次这样幸运地会见这家伟大公司的劳工代表、职员及监督们。说心里话，我很荣幸能到这里来，而且在我有生之年绝不会忘了这次聚会。如果这次聚会在两个星期前举行，我对你们中大多数人来说一定是一个陌生人，而且我也只认识少数的面孔。上星期我有机会访问南矿区所有的住户，除去外出的代表，我差不多和所有代表谈过话，我见过你们的家人，看到了你们的妻子儿女。我们今天在这里见面，不再是陌生人，而是朋友。也正式在这种互相友善的精神中，我很幸运有这种机会，同你们讨论我们共同关心的问题。"

"这是由公司职员及工人代表参加的集会。我之所以能来这里，全都是因为你们的厚爱。尽管我既不是公司职员，也不是工人代表，但我仍然觉得与你们关系亲密，因为从某方面说，我代表了股东及董事双方。"

假如你生气时，对人家发一顿火，你固然会觉得舒服了，但对方又会怎样呢？他也能分享到你的痛快吗？你那充满火药味的声调、仇视的态度，能使他赞同你吗？小约翰·洛克菲勒的故事不正是一个化仇敌为朋友的最理想的例子吗？假如洛克菲勒采用别的方法，假如他和那些矿工争论，态度强硬地当着他们的面举出毁坏矿场的事实来，假如他用暗示的语气告诉他们，说他们是错的，假如他运用逻辑规则来证明他们是错误的，那么结果会如何？那必然会激起更多的愤怒、更多的仇恨和更多的反抗。

大约在100年前，林肯就曾对此发表过自己的看法，他是这么说的：

"一句古老的格言说'一滴蜂蜜比一加仑胆汁能捕捉到更多的苍蝇'。

对人也是这样。如果你要让别人同意你的观点，你就要先使他相信你是他真正的朋友。这就犹如一滴蜂蜜，用一滴蜂蜜赢得了他的心，那么，你就能使他走在理智的大道上。”

如果一个人因为与你不和，并对你怀有恶感而对你心怀不满，那么你用任何办法都不能使他信服于你。责骂的父母、强硬的上司及丈夫，以及唠叨不休的妻子们应该明白：人们不愿改变他们的想法，不能勉强或迫使他们与你我意见一致。但如果我们温柔友善——非常温柔、非常友善——我们就能引导他们和我们走向一致。

现在越来越多的人认识到这一点，更多的商人们也正日渐明白，对罢工者态度友善是很值得的。

当华特汽车公司的2500名工人为增加工资而组织工会举行罢工的时候，公司经理伯莱克没有生气和责罚、恫吓。相反，他还称赞罢工者。他在《克里夫兰报》上登广告，颂扬他们“放下工具的和平情形”。当他看见罢工纠察队的人闲得无聊时，他还给他们买了棒球棍及手套，请他们在空地上打棒球。为了讨好那些喜欢打棒球的人，他甚至为他们租了一间球室。

伯莱克经理的友善态度，即刻产生了良好的效果，唤起了罢工者内心的友善精神。于是，罢工者借来扫帚、铁铲、垃圾车，开始清扫工厂的场地。在美国罢工历史中，这种事情从未听到过。那次罢工事件在一星期之内和解结束，没有任何怀恨或厌恶情绪地结束了。

丹尼尔·韦斯特相貌出众，是一位能言善辩而且非常有成就的辩护律师。他善于用友善温和的词句在法庭上表达他那强有力的观点。比如，他会说“这一点应该请陪审团考虑”，“诸位，这也许值得想一想”，“诸位，这几件事实，我相信你们是不会忽略的”，或者“由于你们对于人性的了解，很容易看出这些事实的重要”。

没有威逼，也没有高压的手段，他从不将自己的意见强加于人。韦斯特用轻声细语和安详友善的方式来为人作辩护，而这正是他闻名遐迩的原因。

当然很多人永远也不会去面对和调节罢工潮，或对陪审团发言，但是你或许会希望房东将你的房租减少。那么，这种友善的方法对你也会有很大的帮助。

我的班上有一位叫史德伯的工程师，曾经一段时间生活很拮据，因此，他希望自己的房租能够减低。但他知道房东是一个非常难缠的人，“虽然如此，我还是想尝试一下。”史德伯在班上的一次演讲中这样说，“于是我就写了一封信给他。通知房东，合约期已满，我会立刻搬出去。但事实上，我当时并不想搬走，如果租金能减少，我愿意继续住下去，但看来这并不可能。其他房客也都尝试过各种方法——包括警告甚至恫吓——大家都对我说，房东很难打交道。但是，我对自己说，我正在学习如何与人相处，所以我要对他试一试，看看是否有效。”

史德伯的房东一接到他的信，就同秘书找到了他。史德伯站在门口欢迎房东的到来，充满了善意和热忱。交谈的开始，史德伯并没有谈房租太高，而是强调自己是多么地喜欢他的房子。史德伯称赞房东管理有道，并表示自己很愿意再住一年，可是却实在负担不起昂贵的房租。

“他显然是从未见过一个房客对他如此热情，他简直不知道该怎么办才好。”史德伯这么描述当时的情景。接下来，房东对史德伯开始诉苦，抱怨房客，说其中的一位给他写过14封信，内容太侮辱他了。另一位房客则威胁如果不能制止楼上那位房客打鼾的话就要退租。“有你这种满意的房客，多令人轻松啊！”房东对史德伯称赞道。

当然，最终的结果是令人满意的。在史德伯没有提出要求之前，房东就主动要减收一些租金。“但这还是一个比较高的数字。”史德伯说出了自己能负担的数字，而房东什么都没有说就同意了。当他离开时还转身问道：“有没有什么要为你装修的地方？”

“如果我用了别的房客所用过的方法来迫使房东将房租减低，我确信我必然会遇到和他们一样的困难。而这种友善的、同情的、欣赏的方法使我达到了自己的目的。”

如果一个人能够认识到友善的方式能够更好地改善身边的人际关系，那么他在日常言行中也会表现出温和友善的态度来。强暴粗鲁的方法永远不可能赢得好人缘，只有友善的方法才能征服别人的内心。

内心强大的人往往表现得非常温和：

（1）如果对方迫于某种压力而屈服于你的话，他在内心深处是不会赞成你的。

（2）如果你希望他人尊重你的意件，你必须首先学会尊重他人。

（3）温和与友善总是要比愤怒和暴力更强有力。

第五个原则：先学会做一位忠实的听众

卡耐基的忠告：认真倾听对方的谈话，正是我们对他人的一种最高的恭维。

最近我在纽约著名的出版家格利伯举行的宴会上，遇到了一位著名的植物学家。我以前从来没有和植物学家交谈过，但是我觉得他具有极强的诱惑力。我一直坐在椅子上，静静地听他介绍大麻、大植物学家玻尔本以及室内花草等。他还告诉我许多关于廉价马铃薯的惊人事实。由于我自己有一个室内小花园，所以我经常会遇到一些问题，因此他非常热情地告诉我如何解决我的问题。

我已经说过，我们这是在宴会中。当然，在座的还有十几位客人，但我违反了一般的礼节，没有注意到其他人，而与这位植物学家谈了好几个小时。到了深夜，当我向众人告辞的时候，这位植物学家转身面对主人，对我大加赞扬，说："卡耐基先生真是一个最富激励性的人。"然后他又极力称赞我在某方面这样这样，我在某方面那样那样……总之，他最后说我是一个"最有魅力的谈话家"。

一个有魅力的谈话家？我？可是我在这次交谈中几乎没有说什么话。事实上，如果我不改变话题的话，即使让我来说，我也说不出什么来，因为我对于植物学所了解的知识，就像对动物解剖学一样全然不知。

但是请注意，我已经做到了认真地倾听他的谈话。我专注地倾听着，因为我真的感兴趣。当然，他也察觉到了这一点，这显然让他很高兴。

可见，这种认真倾听对方的谈话，正是我们对他人的一种最高的恭维。

类似的故事还同样发生在我的另一次聚会中。那次，我应邀参加一次桥牌聚会。由于我不会打桥牌，就坐在一边。恰好我身边也有一位美丽的女士不会打桥牌，当她知道我在罗维尔·托马斯先生从事无线电广播这个行业之前，曾经担任过他的私人助理，而且我曾随同托马斯到欧洲各地旅行，由我来替他做即将播出的生动的旅行演讲时，她高兴地叫道："啊！卡耐基先生，你能不能将你所见过的旅游名胜告诉我？"

于是，我们在沙发上坐下来，她告诉我说，她同她丈夫最近刚从非洲旅行回来。"非洲，"我说，"这可是一个非常有趣的地方！我总想去看看非洲，但我除了在阿尔及利亚待过一天之外，没到过其他任何地方。告诉我，你是否到过野兽出没的国度？是吗？你真是太幸运了！我可真是太羡慕你了！请问你能告诉我非洲的情形吧！"

结果，我们那次谈话持续了45分钟。那位女士不再问我到过什么地方，也不再问我看见过什么东西。其实，她并不是真的想听我谈我的旅行，她所想要的不过是一个真诚的倾听者，她可以借此机会来讲她所到过的地方，以扩大她的自尊感。

她这样做很特殊吗？不，其实许多人都是这样的。例如，伍德福德在他的书《相恋的人》中写道："很少有人能拒绝那种带有恭维的认真倾听。"而我却比这还要更进一步。我告诉这位植物学家，我已经得到了极其周到的款待和指导，事实上我也感到如此。我告诉他，我真的希望自己能有他那么丰富的知识，而且我也确实希望如此。我还告诉他，我希望和他一起去田野中漫游，这也是我的真实希望。我还告诉他，我必须再见到他——我真的必须再见到他。就因为这样，才使得这位植物学家认为我是一个善于谈话的人。但我实际上不过是一个善于倾听的人，并鼓励他谈话而已。

在几年前，我曾去一位女士家里做客，这位女士现在已经当了奶奶，她告诉了我她是如何因为善于倾听而获得男士欣赏的经历。她对我说：

“卡耐基先生，我要告诉你一件我从来没有跟任何人说过的事情，甚至连我丈夫也不知道的事。

“我出生在费城一个很穷困的家庭里，我幼年和少年时的最大悲剧就是我家很贫穷。我不能像其他的女孩子那样有许多的娱乐，我的衣服料子从来都不是最好的，加上我长得太快，衣服总是没办法合身，而且也不是流行的式样。我一直觉得很丢脸，也很委屈，结果常常哭着进入梦乡。最后，我在绝望之中想出了一个办法，就是每次参加晚宴的时候，我总请我的男伴将他自己过去的经验以及他的一些看法，还有他对未来的计划告诉我。

“我之所以这么做，并不是因为我对他的话特别感兴趣；我这样做，只是不想让他注意到我穿着难看的衣服。可是奇怪的事情很快发生了，当我听这些年轻人跟我谈话，并对他们有了较多的认识后，我真的开始对他们说的话产生了兴趣。有时候我的兴趣会浓厚到忘记我自己的穿着打扮。可是最让我吃惊的事情，是因为我能倾听别人谈话，而且能鼓励那些男孩子谈他们自己的事情，这使他们非常快乐，于是我渐渐成为我们那里最受欢迎的女孩子，最后竟然有3个男孩子一起来向我求婚。”

善于倾听别人的话竟然会成为说话的高手，成为最受欢迎的人。这还不够，在商业会谈中被誉为“神秘的秘诀”，也正是“专心致志地倾听正在和你讲话的人”。至于成功的商业交往，并没有什么神秘的，没有别的东西比这更令人开心。

这个道理很明显，是不是？你根本不必去哈佛大学读书才能领悟这个道理。但是你和我也都知道这种情况：有的商人租用豪华的店面做生意，橱窗的设计也很到位，完全可以打动人心，他们还不惜投入巨资大做广告，可是他们雇用的服务员却不知道做一个倾听者。这些服务员甚至会打断顾客的谈话，反驳他们的观点，激怒他们，有的甚至还将顾客赶出去。

沃尔顿在新泽西州靠近大海的纽瓦克市一家百货商场买了一套西服。可是他穿上这套西服之后，却非常的失望，因为上衣褪色，把他的衬衫领子都弄黑了。于是，沃尔顿先生将这套衣服带回商场，找到售货员，告诉他有关的情况。可是他还没有说完，就被对方打断了。

“这种衣服我们已经卖出了好几千套。”这位售货员反驳说，“你还是第一个来挑毛病的。”

这是售货员说的话，而他说话的声调听起来比这更让人难以接受。他那满是火药味的声音好像在说：“你说谎。你想欺负我们，是不是？那好，我可要给你点颜色看看。”

正在两个人吵得不可开交的时候，另一个售货员加入进来。他说：“所有的黑色衣服起初都会褪颜色的，这是很自然的事。这种衣服就这种价格，当然会那样。那是颜料的关系。”

“到这时候，我再也不能忍受了，顿时火冒三丈。”沃尔顿先生说，“第一个售货员怀疑我的诚实；而第二个却暗示我买了一件低档货。我当时就恼火了。我正想骂他们，这时售货部经理走了过来。显然，他很懂得自己职务的重要性，也正是他完全改变了我的态度，使我由一个恼怒的顾客变成了一位满意的顾客。”

他又是怎么做的呢？“他首先是静静地听我从头至尾讲了一遍经过，没有插一句话。在我说完之后，那两个售货员又想说他们的意见，但是这位经理站在我的立场，反驳了他们。他不仅指出我的领子显然是被西服弄脏的，并且坚持说如果商品不能让顾客满意，他们商店就不应该出售。最后，他承认他不知道毛病的原因所在，并坦率地对我说‘你希望我如何处理这套衣服？你说什么我们都可以努力做到’。”

“几分钟以前，我还想让他们将那套衣服留给他们自己，但我现在回答说‘我只想听听你的意见。我想知道这种情况是暂时的，还是毫无解决的办法’。于是，他建议我将这套衣服再穿一个星期。他说‘如果到时候你仍不满意的话，我们一定换你一套满意的。这样给你添麻烦，我们非常抱歉’。

“我满意地走出了这家商店。一星期后，这套衣服再也没有什么毛病，我对那家商店的怒火也完全消失了。

“你看，那位管理员之所以当上售货部经理，正是因为他深谙说话的艺术。而至于他的两位下属员工，我认为他们应该终身停留在店员的地位。哦，不，他们应该降到包装部去，永远也不要和顾客打交道。”

这就是为什么同样的问题，由不同的人来解决竟然出现不同结果的原因。问题的关键就在于你是否是对方忠实的观众呢？

喜欢挑剔的人，甚至那种最激烈的批评者，也常常会在一个具有忍耐心和同情心的倾听者面前，变得态度软起来，当怒火万丈的寻衅者像一条大毒蛇张嘴咬人的时候，这位倾听者应当保持缄默，而且只是认真地倾听他的谈话。

纽约电话公司在几年前不得不想办法去安抚一位曾凶言恶语咒骂接线员的顾客。他那可是真的咒骂。他骂起来有些歇斯底里，甚至威胁要毁掉电话线路。他不仅拒绝支付某些费用，认为那是不合理的，还写信给各家报纸，还多次向公众服务委员会投诉，并好几次向法院起诉这家电话公司。最后，电话公司派了一位经验丰富的调解员去见这位喜欢找麻烦的顾客。

这位调解员到了这位顾客家中之后，没有说任何话，只是静静地听他说话。无论对方说什么，他都静静地听着。这位电话公司的调解员认真地倾听着，并不断说“是”，同情他的冤屈。

“他继续毫无顾忌地说他的话。我静静地听了将近3个小时，”这位调解员在我的培训班上叙述他的经历时说，“以后我又多次去他那里，并再静静地听他诉说。我总共见过他4次，而在第4次访问即将结束之前，我已经成为他正在创办的一个组织的主要会员了。他将这个组织称为‘电话用户权益保障会’。我现在仍然是这个组织的会员。然而，除了这位老先生之外，据我所知，我是他这个组织唯一的会员。”

“后来，”这位调解员说道，“在这几次拜访中，我始终都是倾听他谈话，并且赞同他所谈的任何一件事。以前从来没有电话公司的人像我这样和他谈话，这使得他变得几乎友善起来。我在第一次访问他时，并没有提到见他的目的，在第二次、第三次，我也没有提到我的目的。但在第四次，我使这个问题有了完美的结局——老先生将所有的欠费都付清了，并使他自从与电话公司作对以来，第一次撤销了他向公众服务委员会的投诉。"

显然，这位老先生自认为是在为公益而战，是在保障公众的权利，不愿意无情地被剥夺，但他实际上是在追求一种自重感。他先是通过挑剔和抱怨来得到这种自尊感，一旦他从电话公司的代表那里得到了自重感时，他那所有并不真实的冤屈立即消失了。

所以，如果你希望自己成为一个善于谈话的人，首先就要做一个善于倾听别人的人。这正如李夫人所说的："要使别人对你感兴趣，首先就要对别人感兴趣。"要做到这一点其实并不难，你不妨问问别人一些他们喜欢回答的问题，鼓励他们开口说话，说说他们自己以及他们所取得的成就。

千万不要忘记，那个正在与你谈话的人，只会对他自己、他的需要、他的问题最感兴趣，这要比对你及你的问题胜过上百倍。

倾听比倾诉更容易，也更得人心：

（1）如果你希望自己成为一个善于谈话的人，首先就要做一个善于倾听的人。要做到这一点其实并不难，你不妨问问别人一些他们喜欢回答的问题，鼓励他们开口说话，说说他们自己以及他们所取得的成就。认真倾听对方的谈话，正是我们对他人的一种最高的恭维。很少有人能拒绝那种带有恭维的认真倾听。

（2）成功的商业会谈的秘诀，即"神秘的秘诀"是什么呢？就是专心致志地倾听正在和你讲话的人，这是最为重要的。至于成功的商业交往，并没有什么神秘的，没有别的东西比这更令人开心的。

（3）许多名人曾告诉我，和那些善于谈话者相比，他们更喜欢那些善于倾听者。但是，人们所具备的善于倾听的能力，好像比任何其他能力都要少。

第六个原则：谈论对方最感兴趣的话题

卡耐基的忠告： 人人都对自己感兴趣，只要你能表达出你对别人的兴趣，主动引导对方说出自己感兴趣的话题，你就不仅仅是一位说话的高手，更是一位操控人心的高手。

每一个拜访过罗斯福总统的人，都会对他那渊博的知识感到惊讶。“不论是牧童还是骑士，或纽约的政客和外交家，”研究罗斯福的权威作家伯莱特福这样写道，“罗斯福都知道该和他说什么话题。”

罗斯福究竟如何具备的这种魅力呢？很简单！不论罗斯福要见什么人，他总是会在对方到来的前一个晚上稍晚些睡，翻阅一些对方特别感兴趣的知识。罗斯福和所有领袖人物一样，深知接触对方内心思想的妙方就是和对方谈论他最感兴趣的事情。

似乎成功人士都懂得这个道理，耶鲁大学原教授菲利普先生是一个非常和蔼的人。他谈到了自己早年时的故事。

“我8岁那年，有一次去姑妈家，那是一个周末，”菲利普在一篇谈论人性的小品文中这样写道，“有一个晚上，一位中年人来到姑妈家。在和姑妈随便聊了几句之后，他就把注意力转移到了我身上。当时我对船很感兴趣，而这位来访的客人和我谈论了这方面的知识，当然令我产生了特殊的兴趣。他离开之后，我还对他赞赏不已。他是纽约的一位律师，本来他对有关船的事情是不应该如此热心的，甚至是根本不会有兴趣的。”

“可是，他为什么自始至终都在与我谈论船的知识呢？”菲利普问姑妈。

姑妈说：“因为他是一位高尚的人。他见你对船很感兴趣，就谈论这些你关注并感兴趣的话题。通过这种方法，他使自己成了一个受欢迎的人。”

最后，菲利普教授又补充说：“我永远也忘不了我姑妈对我说的这些话。”

查立夫先生和我保持着联系，他是一位对童子军事业非常热心的人。在他的信中他对我提到了发生在他身边的故事。

“有一天，我感到我需要别人的帮助。”查立夫先生在信中写道，“欧洲将举办童子军夏令营活动。我想邀请美国某大公司的经理出钱，赞助我和一位童子军的旅行费用。幸运的是，在我去拜访这位经理之前，我听说他曾开出了一张100万美元的支票。要知道，这可是100万美元！于是，见到他之后，我告诉他，我这一辈子从来都没有听说有人开过数额如此巨大的支票；我还要告诉我的童子军，说我的确看到过一张100万美元的支票。结果，这位经理非常愉快地把那张支票递给我看。我一直赞叹不已，并请他把开这张支票的详细情况告诉我。”

请注意，查立夫先生在刚开始时，并没有和对方谈有关童子军或欧洲夏令营的事，也没有谈他想要对方帮忙的事。他只是谈对方感兴趣的话题，让对方愿意和他谈话。于是，出现了查立夫先生下面所说的情况。

过了一会儿，我所拜访的那位经理问我：“哦，请问你来找我有什么事？”我就把我的事情告诉了他。令我吃惊的是，他不但立即答应了我的请求，还十分大方地给了我更多的资助。我本来只请他出资赞助一名童子军去欧洲的，可是他慷慨地资助了5名童子军和我本人，给我开了一张1000美元的支票，并建议我们在欧洲玩上7个星期。然后，他又给我写了一封介绍信，把我引荐给他在欧洲分公司的经理，请他到时候帮助我们。

当我们抵达欧洲时，他又亲自去巴黎接我们，带着我们游览了这座美丽的城市。从此以后，他就对我们童子军事业非常热心，经常为家庭贫困的童子军提供工作的机会。

查立夫先生又说："但是我也很清楚，如果我当时没有找到他感兴趣的话题，让他高兴起来，那么这件事不仅不会办得这么容易，我想大概连1/10的机会都没有。"

这就是这个方法的奇效，可以形成良好的沟通效果，打开你的人际关系。当然，你也许更关注这种方法在商业活动中是不是也有价值，那么我再举个例子看一看纽约一家高级面包公司杜弗诺公司的经理杜弗诺先生是怎样做的吧。

杜弗诺先生一直想把自己的面包推销给纽约某家大饭店。连续4年，杜弗诺先生几乎每个星期都要去拜访这家饭店的经理，并且经常参加由这位经理举办的各种社交聚会。为了促成这笔生意，杜弗诺先生甚至在这家饭店租了一个房间住在那里，希望能做成这笔业务。但是，尽管杜弗诺先生用尽了各种方法，还是没能让这位经理的大笔在合同书上签字。

"后来，"杜弗诺先生说，"我研究了有关人际交往的知识，决定改变策略。我决定找到这个人的兴趣所在，寻找他最关心、最热衷的事业。

"我发现他是美国饭店业协会的会员。不仅如此，由于他对这项事业抱有如此浓厚的兴趣和热情，使他被推举为这个组织的主席。每次只要开会或举行什么活动，他不管有多忙，也会毫不犹豫地赶来参加。

"于是，当我再次去拜访他的时候，我开始和他谈论有关饭店业协会的事情。你猜他怎么反应的？我得到的反应之良好，简直令人吃惊！他花了半小时和我谈论饭店业协会的事情。整个谈话过程中，他都精神饱满，充满着热情，而且声音也非常洪亮。我由此看出他感兴趣的正是饭店业协会的事情，可以说他将自己的全部精力都投入在这上面。就在我离开他的办公室之前，他劝说我加入这个协会。

“在整个这次会谈中，我没有对他提有关面包的半个字。可是没过几天，我就接到他饭店主管人员的电话，让我把面包的货样和报价单送过去。‘我真不知道你对这老先生用了什么魔法’，这位主管人员在电话中对我说，‘他可是真的被你打动了’。”

“试想一下，我和这位经理打了4年交道，一心想把面包卖给他，可是一直没有成功。如果不是我设法找到了他所感兴趣的事，了解到他愿意讨论的话题，恐怕我现在还在和他死磨硬泡，却一无所获呢！”

可见，人人都对自己感兴趣，只要你能表达出你对别人的兴趣，主动引导对方说出自己感兴趣的话题，你就不仅仅是一位说话的高手，更是一位操控人心的高手。

纽约电话公司曾对电话中的谈话内容做过详细研究，以了解哪些字在电话中是最常用的。结果发现用得最多的是“我”。在500次电话谈话中，这个词曾被用过3990次。

当你看一张你也在里面的团体照片时，你会先看谁呢？如果你以为别人对你很关心，那么就请回答下面两个问题：

“假如你今晚死去，将会有多少人来参加你的葬礼？”

“如果你不关心别人，别人会关心你吗？”

假如我们只想让别人注意自己，让别人对我们感兴趣，我们就永远也不会有许多真挚而诚恳的朋友。朋友，真正的朋友，不是用那种方法交来的。

维也纳已故著名心理学家阿德勒写过一本书叫《生活的意义》。在那本书中，他说：“对别人漠不关心的人，他的一生困难最多，对别人的损害也最大。所有人类的失败，都是由这些人造成的。”也许你读过几十卷关于理学方面的书，但是却再也找不到比这句话对你和我更重要的了。我并不喜欢重复，但阿德勒这句话太具有深意了，所以我希望重录于下：“对别人漠不关心的人，他的一生困难最多，对别人的损害也最大。所有人类的失败，都是由这些人造成的。”

如果我们想要交朋友，并成为受人欢迎的说话高手的话，就要用热情和生机去应对别人。当别人给你打电话时，你也应该用同样的心理学。你和他说话的声音，要表示出你是如何喜欢他给你打电话。纽约电话公司开设了一门课程，专门训练公司的接线员，要求他们在说“请问您要拨什么号码”时，要向对方表达出“早安，我很高兴为您服务”的语气。明天我们接电话时，也要记住这一点。

这种哲学在商业中管用吗？让我们来看一下。

查尔斯·华尔德是纽约市一家大银行的员工，他有一次受命准备一份关于某公司的机密文件。他知道某个人掌握了他所急需的这些材料。

于是，华尔德就去拜见这个人，他是一家大实业公司的董事长。正当华尔德被引进董事长办公室时，一位青年女子从门外伸进头来，告诉董事长说她今天没有什么可给他的邮票。

“是这样的，”董事长对华尔德解释道，“我正在为我12岁的儿子搜集邮票。”

华尔德向他介绍了自己的来意，开始问他一些问题。这位董事长的回答十分含糊不清——很明显，他不愿讲话，没有什么事情能够引起他的兴趣并令他开口的，因此这次会谈变得简短而枯燥。

“说实话，我当时不知如何是好，”华尔德在我班上讲这件事时说，“然后，我想起他的秘书对他说过的话——邮票，12岁的儿子……同时我又想起我们银行的外汇兑换部经常收集邮票——世界各地寄来的信上取下的邮票。”

“第二天下午，我再次前去拜访这位董事长，并请人传话进去，说我有些邮票要给他的儿子。结果呢，我是不是受到了热烈的欢迎呢？当然是的，先生。即使是他要竞选国会议员，也不可能那么热情地握着我的手了。他发出善意的微笑，说‘我的乔治肯定会喜欢的’。他抚摸着邮票，不断地说，‘看这张！这可是无价之宝啊’。”

“我们花了一个小时谈论邮票，并看了他儿子的照片。然后，他用了一个多小时的时间，谈到了他所知道的一切情况，又把他的下属叫进来询问。他还给他几位常有来往的人打了电话——他把所有的事实、数字、报告以及信件全都给了我。用一位新闻记者的话来说，我得了一个‘大丰收’。”

在公元前100年，古罗马著名的诗人西拉斯就曾说过：“我们对别人产生兴趣的时候，恰好是别人对我们产生兴趣的时候。”所以，与人相处的重要一条原则就是：真诚地关心他人，讨论对方感兴趣的话题。

你知道如何交知心朋友吗：

（1）如果我们想要交朋友，并成为受人欢迎的说话高手的话，就要用热情和生机去应对别人。

（2）接触对方内心思想的妙方，就是和对方谈论他最感兴趣的事情。

（3）假如我们只想让别人注意自己，让别人对我们感兴趣，我们就永远也不会有许多真挚而诚恳的朋友。朋友，真正的朋友，不是用那种方法交来的。

（4）对别人漠不关心的人，他的一生困难最多，对别人的损害也最大。所有人类的失败，都是由这些人造成的。

第七个原则：让他人享受到被尊重的感觉

卡耐基的忠告： 假如我们的气度如此狭隘，那我们只会遭到应有的失败，而不会有任何成功和幸福。

很多人之所以出现交际的障碍就是因为他们不懂得或者忘记了一个重要的原则——让他人觉得自己重要。每个人都喜欢自我表现，夸大吹嘘自己，如果在事情办成后，首先表现出的是自己有多么劳苦功高，作出了多大的贡献，这样其实就在证明别人确实不太重要，无形之中就伤害了别人。

每个人都有值得称赞的地方，只要你发现他的这一点，那么他们对你的态度立刻就有了转变。有一次，我在纽约第33大街和第8大街交叉路口附近的邮局排队，准备寄一封挂号信。我注意到那位邮局工作人员好像对他的工作很是不耐烦的样子，因为他成天称信、取邮票、找零钱、开收据……这样年复一年地做着单调而重复的工作。于是我对自己说："我一定要让他喜欢我。显然，要让他喜欢我，我必须说些让他感到高兴的话。不是关于我的，而是关于他的。"

我问自己："他有没有什么值得我真心赞美的地方呢？"

当你面对一个不熟悉的人时，这个问题可不好回答，但是这次却很凑巧，我很快就发现了他身上一个值得我赞美的地方。就在他给我称信的时候，我热情地对他说："我真的希望自己也能有您这样一头好头发。"

他抬起头来看着我，显然有些惊讶，但很快脸上就露出了欢欣的微笑。"不过现在没以前好了。"他很谦虚地说。我诚恳地对他说："虽然它比以前稍减光泽，但还是很好。我真的很羡慕您。"他显得非常高兴。于是我们愉快地谈了起来。最后，他对我说："有许多人都说我的头发好。"

我敢打赌，他那天吃午饭时心情一定非常愉快；那天晚上他回家后，一定会很高兴地把这件事告诉他的妻子；他甚至还会对着镜子自夸："我的头发实在太漂亮了。"

我并不是喜欢自我炫耀的人，但是我会用这些实例告诉别人人际交往的原则。有一次，我在某个公共场所讲起了这件事。有一个人问我："你这样做，那你又从他那里获得了什么？"是的，我想从他那里获得什么呢？我又从他那里得到了什么呢？假如我们是如此的自私，一心只想得到回报，那么我们就不会给人任何快乐，不会给人任何真诚的赞美。假如我们的气度如此狭隘，那我们只会遭到应有的失败，而不会有任何成功和幸福。

不错，我确实是想从他那里得到某些东西，这是一些难以用金钱来衡量价值的东西，而我也的确得到了！你看，我赞美了他，让他得到了幸福的感觉，可是他对我却难以回报。这种感觉可是无价之宝。这件事情过去许久之后，你仍然可以在记忆中想起它，得到一种美妙的体验。

在人类行为中，有一条至为重要的法则，如果我们遵守它，就会万事如意；实际上，如果我们遵守这条法则，将会得到无数的朋友，获得无穷无尽的快乐。可是，如果我们违背这条原则，就会招致各种挫折。这条法则就是："永远尊重别人，使对方获得自重感。"

这正如杜威教授所说的："自重是人类天性中最强烈的冲动和欲望。"也正如詹姆斯教授所说的："在人类天性中，最深层的欲望就是渴望得到别人的重视。"我也曾指出，这种冲动正是我们区别于动物的特征，正是这种欲望才推动了人类文明的发展。

千百年来，哲学家们一直在思考人类关系的准则，终于悟出一种观念。

这个观念并不是什么新的东西，早在3000多年前的波斯、2000多年前的中国，以及印度和耶路撒冷等地，先哲们就在传播这种观念，这就是中国先哲孔子所说的“己所不欲，勿施于人；己所欲者，亦施于人”。

你希望周围的人赞同你，希望自己的价值得到别人的认同，希望自己能得到别人的重视；你不愿听到不值钱的卑贱的谄媚，但渴求得到真诚的赞美。你希望你的朋友和同事都能像施科瓦所说的那样，“诚于嘉许，宽于称道”。我们大家都希望这样。那么，就让我们自己先遵守这条法则：你希望别人如何对待你，就如何去对待别人。

那么，你应该如何去做呢？答案是：随时随地实践，这样它就会给你带来神奇的功效。

我曾向无线电商厦一位导路员打听舒维尔先生的办公室在哪里。这位导路员穿戴整齐，口齿十分清晰地说：“舒维尔，（他稍作停顿）18层楼，（又稍作停顿）1816号房间。”他显然对自己回答问题的方式非常自豪，胸挺得笔直，头高高地抬着。

我走到电梯边上，很快又转了回来，对那位导路员说：“你回答我的方法实在是太美妙了，为此我要真心感谢你，向你表示祝贺。你的回答非常清楚准确。你真像一位艺术家，太了不起了！”他听了我的话之后，精神焕发，显然高兴到了极点。他告诉我为什么他每次都稍作停顿，为什么每说一句话都会那么准确……你看，我短短几句话就让他如此得意，以至于将头抬得高高的。我突然感到自己那天下午也算是为人类的幸福做了一点有益的事情。

这条法则可并没有什么特权，没有等级限制，它是任何人任何时候都可以奉行的法则。你大可不必等自己当上大官，或发了大财之后，再去奉行这条法则。你几乎每天都可以运用它，例如我们进餐馆，要了一份法式炸薯条，而女服务员却端给我们一盘薯泥，这时我们不妨说：“对不起，给你添麻烦了。但我更喜欢法式炸薯条。”女服务员会说：“不用客气，一点也不麻烦。”由于我们对她表示了尊敬，所以她会很高兴地给我们换炸薯条。

“对不起”“给你添麻烦了”“让你多费心”“请你……”“能不能……”“谢谢”，这些细微平常的礼貌短语，就像是每天单调的生活中的润滑剂，会给我们的生活平添几分色彩，增进我们的人际关系，而这同时也是你我优良品质的体现。

伟大的小说家凯恩拥有成千上万的读者，但是凯恩只是个铁匠的儿子，一生只上过8年学，但他去世时已成为这个世界有史以来最为富有的作家。他是怎么创造财富的呢？让我们听一下他的事迹。

由于凯恩酷爱诗，所以他将大诗人罗斯迪所有的诗都读了一遍。他还写了一篇演说词，来歌颂罗斯迪在诗歌方面的艺术成就，并将它送给了罗斯迪本人。罗斯迪当然十分高兴，“任何一个青年能对我的才华有如此高深的见解，”罗斯迪说，“一定是个非常聪明的人。”

于是，罗斯迪将凯恩请到家中来，让他担任自己的秘书。这对凯恩来说，可是改变人生道路的难得机会，因为他凭借这一新的身份，接触了许多当代著名的文学家，从他们那里接受有益的建议，并受到他们的鼓励和激发，开始了他自己的写作生涯，最终名闻世界。

凯恩的故乡是英国曼岛的格里巴堡，它现在已经成为世界各地旅游者观光赏景的胜地。他留下来的财产高达250万美元！可是，又有谁知道，如果他当初没有写那篇真诚赞美罗斯迪的演说词，他或许会穷困潦倒地死去呢！这就是发自内心地真诚赞美的力量，这是一种伟大的力量！罗斯迪认为自己很重要，这并不是什么新鲜事——几乎每个人都认为自己很重要，非常非常重要。

千万不要忘记爱默生曾说过的话：“凡是我所遇见的人，都有比我优秀之处。在这个方面，我正好可以向他学习。”凡是你听见过的人，你可能都会觉得他在某些方面要比你要强，这是一个不容否认的事实。只要我们承认这一点，承认对方的重要性，并由衷地表达出来，就会使你得到他的友谊。

但让人感到愤怒的是，那些无所作为却自以为很成功的人，整天都在用令人恶心的浮华夸饰之词来掩饰他们内心的不安。这种人正像莎士比亚所说的："人！狂傲的人！借着那么一点儿才能，竟然在上天面前胡作非为，骗得天使们都流下了眼泪。"

康涅狄格州的律师向我讲述了奉行这条法则发生在自己身上的成功案例，但是他不想让别人知道他的姓名，我们暂且就叫他G先生吧。

G先生来我班上接受培训之后不久，就和他妻子驾车去长岛，看望她的几家亲戚。他妻子将他留下来，陪同她年迈的姑妈聊天，而她自己则去看望另几家亲戚。由于G先生要在班上做一次关于如何运用赞美法则的演讲，于是他打算从这位老太太这里开始训练自己这方面的才能。

G先生在老太太的房子四周仔细巡视了一番，希望能找到一些他可以真诚赞美的东西。"您这栋房子是建于1890年前后，对吗？"G先生问老太太。

"是的，"老太太回答说，"正是那一年建的。"

"它使我回想起我出生的老家的房子。"G先生说，"它真是太好了，真漂亮，里面真宽敞！您知道，人们现在再也不建这种房子了。"

"一点都不错，年轻人！"老太太也表示同感。她说，"现在的年轻人可不怎么在乎漂亮的房子。他们所想要的，不过是一小套公寓和一个电冰箱，然后无忧无虑地开着汽车，到处去兜风闲逛。"

"这是一所凝聚了理想和希望的房子。"老太太的声音有些颤抖，陷入了回忆中。她充满柔情地说，"这房子是我和我丈夫爱情的结晶。我丈夫和我在建这栋房子之前，设计构思了许多年。我们并没有请建筑师，它完全是我们自己设计的。"

然后，老太太领着G先生参观了这所老房子。房子里放满了老太太在世界各地旅行时搜集到的纪念珍品：波斯披肩、英国老茶具、威格瓷器、法式寝具、意大利油画，以及曾风靡于法国封建王朝时期的专用于古堡装饰的丝帷。她对这些东西一直视如生命般宝贵。G先生对这些东西表示了真诚的赞美。

“老太太领我参观完房子之后，”G先生说，“她又把我带到车库去。那里放着一辆几乎是全新的别克高级汽车。”

“这辆车是我丈夫在去世前不久买的。”老太太慢声细语地说，“他离我而去之后，我再也没有用过它……年轻人，你很会欣赏美丽的东西，我准备把这辆车送给你。”

“哦，不！姑妈！”G先生说，“您这可让我不知如何是好了。对于您这番盛情，我当然感激不尽。可是我怎么能接受这么贵重的东西呢？我不是您的直系亲属，而且我自己有一辆汽车。再说许多亲戚也很喜欢这辆别克车呢。”

“亲戚？”老太太激动地大声喊道，“是的，我确实有亲戚。可是他们都正等着我死呢，这样他们就好得到我这辆汽车了。但他们谁也甭想得到它。”

“如果您不愿将它送给他们，那您可以把它卖给旧车专营公司。”G先生告诉老太太。

“卖掉它？”老太太叫了起来。“你以为我想卖掉它吗？你以为我愿意让那些和我素不相识的陌生人坐在我丈夫给我买的车中，到处跑来跑去吗？年轻人，我做梦都不会卖的。我只想把它送给你，因为你是个懂得欣赏美丽东西的人。”

G先生尽力拒绝接受老太太的汽车。然而他最后不得不收下它，因为他的拒绝只会使她更加伤心。

这位老太太一个人孤独地住在这栋空荡荡的老房子里，她所拥有的只是她的波斯披肩、各种英国和法国古董，以及她的回忆。她所渴望的，正是像G先生这样的赞美和欣赏。她也曾经年轻而美丽，拥有许许多多的追求者。她曾经和她的丈夫共同建了这所房子，这里面有他们永恒的、温馨的爱情，他们还从欧洲各国搜集到各种珍品来装饰这个爱情的巢窝。可是现在，她已经老了，在这年老孤寂的环境中，她渴望得到一点人性的温暖，得到一点真诚的赞美，但没有人给她所需要的东西。现在G先生给了她这一切，她的心犹如久旱逢甘露的大地一样，充满了感激，使她体会到了久别的情怀。一旦她得到这一切，那么即使将那辆别克车送给G先生，也绝不能完全表达她对他的感激之情。

看了上面的故事之后，你和我应该如何运用这种赞美他人的黄金法则呢？为什么不从我们自己的家庭开始？我不知道还会有什么地方更需要它。你的妻子肯定会有她的优点，或者至少你曾认为她有某些优点，要不然你会娶她当你的妻子吗？可是，自从你上次赞赏她至今已有多久了？你还记得吗，有多久了？记得时刻去赞美他人，让他觉得自己很重要，你不仅没有损失什么，而且也会因此收获更多。

没有人是完美的，不代表我们不追求完美：

（1）假如我们是如此的自私，一心只想得到回报，那么我们就不会给人任何快乐，不会给人任何真诚的赞美。

（2）约翰·杜威先生说：“人类本质里最深远的驱动力是——希望具有重要性。”

（3）每个人都有其优点，都有值得别人学习的地方。承认对方的重要性，并由衷地表达出来，就会使你得到他的友谊。

第八个原则：微笑待人

卡耐基的忠告：不论你拥有什么，也不论你是谁，不论你在何处，或者你在做什么事，你是否幸福的关键，取决于你是怎么想的。

做一个真诚微笑的人，微笑会让人觉得你非常友善，他会明白你的心意：“我喜欢你，你使我快乐，我很高兴见到你。”那些笑脸常在的人，在管理、教育和推销当中会更容易获得成功，更容易培养快乐的下一代。如果你希望自己成为一位受人欢迎的说话高手的话，那么一定要记住，当你看见别人时，你也一定要心情愉悦。

最近我在纽约参加了一个宴会，会上有一位客人，她拥有大量的遗产，由于她太想给每个人留下良好的印象，所以不惜花费重金，为自己添置了名贵的貂皮、钻石、珍珠项链。但是，她对自己的面孔却不知道如何来打扮，她的脸上充满了尖酸刻薄以及自私。她并不明白男人们心中所想的，那就是一个女人脸上的神色，比她身上所穿的衣服更加重要。对了，假如你的妻子下次要买貂皮大衣的时候，你最好别忘了告诉她这句话。

施科瓦先生曾告诉我，说他的微笑能抵得上100万美元。他大概是在向我暗示微笑的真理，因为施科瓦的性格魅力，以及他那令人欢喜的能力，几乎正是他特有的成功的全部原因。而他的个性中最可爱的因素之一，就是他那迷人的微笑能够打动一切人。

有一天下午，我和莫里斯·雪弗莱待在一起。他是后来著名的雪弗莱汽车公司创始人。但是说实话，我并没有什么收获，因为他一直保持沉默，这和我所期望的完全不同。幸运的是，他终于有了微笑，他的这种微笑犹如穿透乌云的太阳。如果不是因为这种迷人的微笑，可能雪弗莱还在巴黎，和他的父亲及兄长那样，继续做一个木匠。

行动胜于言论。做一个真诚微笑的人，微笑会让人觉得你非常友善，他会明白你的心意："我喜欢你，你使我快乐，我很高兴见到你。"

这就是狗为什么如此讨人喜欢的原因。它们是那么高兴见到我们，以至于兴奋得心都要从肚子里跳出来似的。所以，我们当然也愿意并高兴看见它们。

婴儿的微笑也有同样的效果。你是否去过医院的候诊室？也许你会注意到四周的人都阴沉着脸，十分困倦的样子。住在密苏里州雷顿市的兽医史蒂芬·史波尔曾对我说过这样一件事。

有一年春天，在他的兽医候诊室中挤满了人，他们都带着自己家中准备注射疫苗的宠物。大家都不说话，全都在不耐烦地等着，也许每个人都在想该干些什么，而不是坐在那儿浪费时间。

就在大家等待的时候，进来了一位女士，她带了一个9个月大的孩子和一只小猫。她坐在一位男士的旁边，而这位男士正等得不耐烦了。

幸运的是，当他朝旁边看时，发现那个孩子正注视着他，并天真无邪地向他笑。

你猜这位男士的反应如何？和我们一样，他也对那个孩子笑了笑，然后他就和那位母亲聊了起来，谈到了她的孩子和他的孙子。很快，整个候诊室的气氛开始变得活跃起来，大家也都相互聊天，每个人都有了一种愉快的体验。

那小孩的笑是否不真诚呢？绝对不是。没有诚意的笑是欺骗不了人的。我们知道那种笑是机械的，人们只会厌恶它。我们是在讲一种真正的微笑、热心的微笑、发自内心的微笑，那种在人际交往中极具价值的微笑。

密歇根大学心理学教授詹姆斯·麦克奈尔对我谈了他对微笑的看法。他说："那些笑脸常在的人，在管理、教育和推销当中会更容易获得成功，更容易培养快乐的下一代。笑容比皱眉头更能传情达意，这正是为什么教育中更应该以鼓励和微笑取代体罚和处置的原因所在。"

纽约一家大百货商店的人事部经理告诉我："我情愿出高价雇用一个脸上总是带着可爱微笑的、连小学都没有毕业的女职员，也不愿雇用一位面孔冷淡的哲学博士。"由此可见，微笑的作用多么大。

即使我们不能看到笑的本质，但它的影响却是很大的。

在全美国具有重要影响的美国电话电报公司，有一个栏目"声音的威力"，这个栏目为电话使用者提供免费电话，以推销产品和服务。在这个栏目中，电话公司建议在人们打电话时，应该保持微笑，但是这种微笑只能通过声音来传达。

美国一家大橡胶公司的董事长告诉我说，根据他的观察，一个人无论做什么事，除非他对这件事很感兴趣，否则将很难成功。这位实业界的领袖对"十年寒窗功名就"这句老话并不太相信。

"我所认识的一些人，"他说，"他们起初成功了，是因为他们当时对自己的事业非常感兴趣；但是到了后来，我看见他们开始变成工作的奴隶。工作对他们而言变得异常无聊，他们失掉了所有工作中的乐趣，于是他们最后走向了失败。"

所以，如果你希望自己成为一位受人欢迎的说话高手的话，那么一定要记住，当你看见别人时，你也一定要心情愉悦。

我曾建议我班上的商界学员，让他们花上一个星期的时间，每一天的每一个小时都对别人微笑，然后再回到班上来谈他们的体验。事实上，他们这样做之后的效果怎样呢？

这是纽约证券交易所会员威廉·史丹哈德写来的一封信。他的情况并不是个别现象。事实上，他只是好几百人中的代表之一。

“我结婚已经有18年了，”史丹哈德写道，“在此期间，我从起床到准备好出门上班，我都很少对我的妻子微笑，或对她说上一两句话。我是那些在百老汇匆匆行走的人当中脾气最坏的一个。”

“因为你建议我们去体验微笑，并要求我们就此进行演讲，于是我就想试一个星期，看看效果如何。”

“所以，第二天早上，当我梳头的时候，我就看着镜中那副阴沉的面孔，对自己说‘比尔，你今天必须扫除你脸上的愁容，你一定要微笑。你现在就必须开始’。我坐下吃早餐的时候，我对我妻子说‘亲爱的，早上好’。我说这话的时候，脸上带着微笑。”

“你的确曾提醒过我，她可能会感到惊讶。可是，你低估了她的反应程度。她不仅是惊讶不已，简直是被惊呆了。我告诉她，她将来每天都能看到我这种愉快的表情。从此以后，我每天早上都是这样，至今已有两个月了。由于我改变了态度，结果我们家在这两个月中所得到的快乐，比过去两年中所有的快乐还要多。”

“现在，当我去办公室的时候，我会对大楼开电梯的人大声说‘早上好’，并对他报以微笑。我还微笑着和看门人打招呼。我在地铁售票处兑换零钱的时候，也会微笑地和服务员打招呼。当我站在交易所大厅的时候，还会对那些以前从未见过我微笑的人微笑。”

“不久，我就发现每个人都对我也报以微笑。对于那些爱发牢骚的人，我也不再恼怒，而是和颜悦色对待他们。当我听他们抱怨的时候，我会保持微笑，这样问题就很容易解决了。我发现，微笑给我带来了巨大的财富，我每天都会收获许多财富。”

“我和另一位经纪人共用一个办公室，他有一位秘书，是一个很可爱的小伙子。由于我很高兴自己所取得的进展，就将自己最近所学到的人际关系哲学告诉了他。没想到他承认说，当他最初和我共用办公室的时候，他还以为我是一个郁郁寡欢的人呢。直到最近，他才改变对我的看法。他说，当我微笑的时候，他觉得非常亲切。”

“现在我开始改掉了批评别人的习惯。我只欣赏和赞美别人，而不再指责他们。我也不再只考虑自己的需要，我现在更希望从别人的立场来看待问题。这些做法真的改变了我的生活。现在，我已经变成另一个完全不同的人了，我成了一个更快乐、更充实的人，而且富有友谊和快乐。这些显然才是最重要的。”

你们可不要忘了，写这封信的是一位饱经世故的、到过世界各地的富有智慧的经纪人。他一直在纽约证券交易所买卖证券，而且干得还很不错。这可是一个竞争非常激烈的行业，失败率高达99%，也就是说每100人中就有99人会退出。

你不愿意微笑吗？那该怎么办呢？有两个办法可以帮助你：第一，强迫自己微笑；第二，如果你一个人独处，不妨强迫自己吹吹口哨，或哼一支小曲，或唱唱歌，就好像你很快乐的样子，那就能使你快乐。

哈佛大学已故的著名教授威廉·詹姆斯曾这样说道：

“行动就好像是跟随感觉之后而产生的。其实它与感觉是同时进行的，这就足以使直接受意志控制的行动变得有规律，而且也间接地使情感变得有一定的规律……因此，如果我们不愉快的话，那么获得愉快的主动途径就是让自己高兴起来，就好像你已经得到了它一样……”

世界上的每一个人都在追求幸福，而获得幸福的一个可靠方法，就是控制你的思想和意念。幸福并不取决于外界因素，而是取决于你的内心思想。因此，不论你拥有什么，也不论你是谁，不论你在何处，或者你在做什么事，你是否幸福的关键，取决于你是怎么想的。

例如，两个人在同一地方做同一事情，两人都有同样多的金钱与名声，可是他们当中一个人会痛苦，另一个人会快乐。这是为什么呢？因为他们的内心想法不同。

我在那些冒着酷热、流汗做苦工、每天只能够赚7分钱的民工脸上看到了快乐，而这些面孔你也可以从在公园马路上散步的富绅那里看到。

“世界上的事情本来没有好坏之分，”莎士比亚说，“思想使然。”林肯也曾说：“大多数人的快乐，和他们内心当中所想要得到的快乐差不多。”他说得确实没错。我最近就看到了这一真理的一个生动的例证。

当时，我正在登上纽约长岛火车站的台阶，这时我看到在我前面有三四十个拄着拐杖的残疾儿童，他们正用力登上台阶，有一个男孩还必须由别人抱上去，但他们的欢笑和快乐令我异常吃惊，于是我对带领这些儿童的管理员说了我个人的感受。

“哦，当然，”他说，“当一个孩子知道自己将终生残疾时，他最初总是惊慌失措，但在惊惶之后，他常常会接受命运的安排，甚至比正常的儿童还要快乐些。”

我真的觉得自己应该向那些孩子致敬，因为他们给我上了一堂生动的课，我永远都不会忘记他们。

如果一个人将自己独自关在一间封闭的办公室工作，不仅会感到寂寞，还会和公司其他人断绝往来，并且没有机会和他们交朋友。西罗拉·玛丽亚就是这样。

玛丽亚一个人用一间办公室，当她听到其他同事的聊天和欢笑声时，心里非常羡慕。她上班的第一个星期，当她走进办公大厅经过大家时，都不好意思和大家打招呼，而是害羞地掉过头去。

几个星期之后，她告诉自己：“玛丽亚，你不能让别人主动来和你打招呼，你应该先向别人问好。”于是，从此以后，当玛丽亚出来倒冷饮时，脸上总是呈现出最迷人的微笑，并会和她所遇到的每个人打招呼：“你好！”这样做的效果当然非常明显了，别人都对她报以微笑和欢呼，就连平时看上去比较暗淡的过道好像也明亮了许多。

玛丽亚的工作环境开始改变，她和大家的关系也变得友善多了，人们彼此之间都会打招呼，有的人甚至成了玛丽亚的好朋友。玛丽亚也觉得她的工作和生活变得更加愉快和有趣了。

富兰克林·贝特格是卡狄纳队以前的著名球手，而他现在成了美国最成功的保险商之一。他告诉我说："我多年前经过研究发现，爱微笑的人永远都会受到欢迎。所以，每当我走进别人的办公室以前，总是要先停下来，想想许多我应该感谢的事，从内心激发出真诚的微笑来。然后，就在微笑将由我的脸上消失的一刹那，进入对方的办公室。"

他说："正是这种简单的方法，才使得我在推销保险业务上取得了特殊的成功，因此微笑对我的成功而言，有很大的关系。"

让我们细读阿尔伯特·哈伯德下面这段睿智的忠告吧，但是除非你将它付诸实践，否则只是阅读并无帮助。

"你每次出去的时候，都要收缩下巴，抬高头颅，挺起胸膛深呼吸；在阳光中沐浴，微笑着招呼每一个人，每次握手时都要用力。不要怕被误会，不要浪费时间去想你的仇敌。要在你心中明确你喜欢做什么，然后坚持不懈，勇往直前，集中精力大展宏图。随着时光的流逝，你会发觉你在不知不觉中抓住了机会，实现了自己的愿望。在脑海中想象你希望成为的那个有能力的、诚恳的、有作为的人，这种想象会长期影响着你，每时每刻提醒你，将你改造成为你所希望的那种人……思想的影响是至高无上的。必须保持正确的人生观，要有勇敢、诚实、愉悦的态度。正确的思想本身就有创造力。一切都来源于希望，每一次真诚的祈祷都会有所应验。我们内心希望成为什么，我们就会变成什么。因此，请收缩你的下巴，抬高你的头。我们就是明天的上帝。"

你可以控制你的微笑来感染别人：

（1）行为胜于言论，对人微笑就是向他表明："我喜欢你，你使我快乐，我喜欢见你。”

（2）快乐不依赖外界的情况，而是依靠内心的情况。

（3）行动是与感觉并行的，我们能使直接受意志支配的行动有规律，也能间接地使不直接受意志制约的支配有规律。

第九个原则：掌控好交谈的时间

卡耐基的忠告：要为对方考虑，掌握好告别的时间，以免影响他人的生活、工作，日久必会令人厌烦，而不愿继续交往。

掌握好交谈的时机，在恰当的时候告别会给别人留下深刻的印象，达到交谈的目的。如果一味地交谈，就会让自己的魅力打折。这是很多成功人士交际中的小秘诀。

以前曾参加我课程训练班的学员詹姆斯感到自己学到的东西还不够用，就又一次进了我的课程训练班，要求再进行学习。我对他表示欢迎之后，问他："你认为自己目前最大的问题是什么？"

詹姆斯老老实实地回答道："说实在的，我自己也不知道。从你那儿我确实学会了热忱、自信、勇气以及如何赞扬别人……这一切都使我获益匪浅。"

我也奇怪了，就继续问他："你一定赢得了许多朋友吧。"

"是的，确实如此，但朋友们往往不欢迎我第二次上他们家做客。"

"这是为什么呢？"

"我不知道。"詹姆斯接着往下说，没想到他从朋友的性格一直说到阿拉斯加的天气、风土人情……口若悬河地讲了近三个小时。我早已满脸倦意，不过这下我可知道詹姆斯的朋友不欢迎他的原因了。詹姆斯太健谈了，毫无休止，根本不懂告别的艺术，于是我打断詹姆斯的话说：“詹姆斯先生，我已经明白你的朋友不欢迎你的原因了。”

“噢，那太好了，你赶快教教我吧。”詹姆斯兴奋地叫道。

我不忍当场说出他的缺点，使他没面子，就婉转地说：“明天你来上培训课吧，看看其他学员怎么做，你就会明白的。”

詹姆斯急切地问道：“你能今天就告诉我吗？我实在是太想知道了。”我微笑着劝道：“不要着急，明天知道对你有好处，反正也不在乎一天半天的了。”

詹姆斯见我把话说到这个分上，只好恋恋不舍地戴好帽子，遗憾地说：“哎，要等到明天才能知道。”

第二天，詹姆斯来到班上。我给学员们布置任务，让他们训练说话的艺术，互相赞美对方。詹姆斯见我一直没有说他的事，就有点坐不住了。但我微笑着示意他不要动。他只好耐着性子在那儿看其他学员们练习。下课的时间到了，有些学员站起来向我告别，有些学员仍留在教室里：其中有一位女学员走过来问一个问题。

我仔细地倾听着，一边给那位学员做解释，我已经把她当成屋子里最重要的人了。女学员离去后，又有几位学员过来把我围住向我请教问题。我一一作了简明扼要的回答，给他们留下很深的印象。

詹姆斯实在熬不住了，就走过来对我说：“您可以告诉我我的问题了吧？”我说：“你的谈话很有魅力，充满了艺术性，是个很容易赢得他人喜欢的人。”詹姆斯听了这话，非常高兴。我继续赞扬地说：“你充分运用了热忱和勇气的原理，并且极其富有绅士风度，令所有人都对你着迷。”詹姆斯被我说糊涂了，忙不迭地问道：“那我的问题究竟出在哪儿？”

我慢悠悠地说：“难道你刚才没有注意到那些学员是如何向我告别的吗？”

“没有。”

“这正是你的缺点所在，你从不观察别人是如何地告别，你不懂告别的艺术。”

“难道问题在这里？”詹姆斯若有所思地说。

我这才向他谈到，聪明的人晓得如何利用时机提出告别，他们的告别往往会给对方留下深刻的印象，同时又达到交际的目的，并详详细细地讲述了告别的艺术。詹姆斯虚心地听着，心里越来越认识到自己的问题所在。此后，詹姆斯按照这种方法来做，成为一名受人欢迎的社交家。由此可见，掌握告别的技巧在你的交际中意义重大。

首先和友人谈话，要注意把握时间。拜访一般朋友，时间不宜超过半个小时，如果有重要的事，那就应该约个时间作一次长谈。拜访老相识，如果对方有空，不妨多坐会儿，但也要切记不能把一件事反反复复地说了一遍又一遍，那样会让人觉得讨厌。

即使是关系较好的朋友，也要控制好交谈的时间，要为对方考虑，掌握好告别的时间，以免影响他人的生活、工作，日久必会令人厌烦，而不愿继续交往。另外，可以在谈兴正浓的时候告别，这会令对方留下深刻的印象，这无疑是一种明智的交际手段。

时间管理是门艺术：

（1）聪明的人晓得如何利用时机提出告别，他们的告别往往会给对方留下深刻的印象，同时又达到了交际的目的。

（2）适时告别同样是赢得别人欢迎的艺术。

（3）要为对方考虑，掌握好告别的时间。

THE ART OF
COMMUNICATION AND
WISDOM OF LIFE

下篇·影响他人的处世智慧

第六章
游刃职场的社交技巧

技巧一：面试中的交谈技巧

卡耐基的忠告：面试的过程，就是推销自己的过程。

对职场新人来说，面试无疑是一件十分重要的事情。这是进入职场的第一次考验，在面试的时候，语言交流技巧非常重要，因为它能表现出你的成熟程度和综合素质的高低。

或许有些面试者认为只要自己有真正的才能就行，其他都只是次要的问题。但是你要明白的是，你的才能只有展现出来，那些雇主才会对你感兴趣。在你的才能展现出来之前，你在他的眼里跟别人是没有区别的。由此可以这么认为，面试的过程，就是推销自己的过程。你就是一件商品，你需要做的就是说服对方购买你这件独一无二的商品。你该如何推销自己呢？

第一，大方的仪表形象

（1）服装

既然你意识到对方有决定是否录用你的权力，你就要知道该采取什么样的仪表。那么，面试时你应该穿上你最正式的服装。但是，你的服装不要过于隆重，要知道你是要工作，而不是参加舞会。什么样的服装才算是正式的服装呢？最好的办法是，穿上适合你将来的工作的衣服，它将使你给人一种非常胜任的感觉。

（2）化妆

同样，为了配合你的服装你要决定是否化妆，即使化妆也不要过于浓艳。

（3）准时

在面试前，要尽量提前几分钟到达现场。到达后，你需要保持风度和注意仪表，为此，你需要端正地坐在座位上，安静地等待面试人员的召唤。与面试人员礼貌地握手后端正地坐下，与面试人员保持恰当的距离——不要太近，也不要太远。

（4）气质

说话的时候要礼貌、热情和自信。说话的时候要注意看着对方，虽然对方有决定权，也不要因为害怕而不敢看他。你应该一直面带微笑，这会帮助你给人一种自信的感觉。

当对方说话的时候，要面带微笑地看着他，仔细倾听他所说的话。你应该用你的言行来对他表示回应，表示你正在关注他。不要打断他的话，这是很不礼貌的行为。

（5）矜持

不要过于激动。即使对方对你很感兴趣，也不要忘乎所以，因为失控容易使你错误百出。即使他已经明显地对你表现出了肯定的意向，你也不要太高兴，因为事情还有转变的可能。

（6）态度

你要保持不卑不亢的态度。不要表现得低声下气，好像你在求对方一样。这是一种相互的选择，对方并不能决定你的命运。而且如果你表现得很卑下，这会让对方对你的能力产生怀疑。

第二，得体的语言表达

面试的时候请注意你的话语。在现在的职场中，你的综合素质将受到更多的重视，而不仅仅是你的知识和智力。你说话的声音和语调代表着你的性格、态度、修养和内涵。对一个陌生人来说，声音的特点会更加明显地传达这些重要的信息。所以，务必使你的口齿清晰、语言流利，不要含糊不清、吞吞吐吐。如果你能把每一个字都十分清楚地表达出来，你就会给人一种自信和头脑清晰的感觉。

另外，你需要保持适当的音量、语调和语速。如果你平时的声音非常小，那么尽量提高你说话的音量。因为声音小会给人一种懦弱、不自信的感觉。但是也不要使你的声音音量过高，你只需要让对方听清楚，不是让隔壁的人都能听见，否则会给对方粗鲁的感觉。正确的语调能够给人一种亲切、沉稳的感觉，会在无形之中拉近你和面试人员之间的距离。

有些职场新人由于紧张或急于表达自己，往往在对方问他一句话后，会连续不断地把自己的想法表达出来。他们说话好像是在跟火车赛跑一样。在清楚地表达自己的同时，使用含蓄和幽默的语言，可以营造轻松愉快的谈话气氛，拉近你和面试人员的个人距离，这将使你获得更大的成功。当然，这些语言技巧都不要使用得过多。

第三，从容地表现自我

面试的时候，面试人员通常会要求面试者作一个自我介绍，这是自我表现的第一步。虽然你最了解自己，但是要通过几句话——的确只有几句话——就让别人了解你却并不容易。所以，自我介绍并不是一件容易的事，你需要非常慎重地做好准备。

那么如何才能通过简短有限的语言和时间来让对方明确地了解你呢？首先，你需要知道你的目的是让对方了解你究竟是谁，而不是跟对方闲聊。你的姓名、性格、学历、工作经历等一些基本的信息都要做简单的介绍。这些信息可能很重要，也可能并不重要，关键要看雇主更加看重哪一方面。不过，要记住的是，这只是自我介绍而已，你不需要把你想说的话全部说完，接下来你可以慢慢补充。

其次，面试人员最关心的可能是你的能力，从而判断你是否胜任你希望获得的工作。许多面试者总是想表现得很优秀，在他们的言谈之中，好像在表达这样一个意思："我什么都能做。"也许这是真的，但是能做不代表一定能够做好。雇主希望找到的是能够真正做事的人，而不是一个夸夸其谈的人。所以，你需要谨慎地介绍。

最后，把自己的特点表达出来，这是最重要的一点。你需要实事求是，不要夸大也不要缩小你的优点和缺点。不要把面试人员当做傻子，否则他们也会像你这么做的。重要的是要让对方认为你的确适合你希望获得的工作。

第四，妥善地处理问题

“你为什么选择这个工作？”面试人员通常会这么问你。

有些人回答得莫名其妙，这让面试人员认为他们没有什么头脑。如果说“我想来试一试，毕竟多一个机会”或者“本来我不想来的……”一类的话，那么这些人几乎已经没有成功的可能了。有一些在面试中经常碰到的问题，也正是求职者经常犯错误的地方。我们需要谨慎妥善地处理此类问题。

我们要明确面试人员这么问的意图是什么。通常，他们想借此来了解你的职业目标和你对公司的熟悉程度。当认识到这一点后，你就可以进行有针对性的回答。你必须把自己的志趣和你将来的工作、公司联系起来。比如，“贵单位的管理理念正符合我的工作信念”，这样的回答是十分合理的。

在面试过程中我们遇到的第二个比较常见，又非常难回答的问题就是：“你认为自己有什么不足？”他们之所以会问这个问题，是想了解你的诚信度和你是否与你应聘的职位相匹配。一般人只会顾及到两个方面中的一个方面，他要么直截了当地把自己的缺点都说出来，以求给面试人员一个诚实的印象，要么掩饰自己的缺点，向应试人员撒谎。

这两种做法都是不可取的。我们应该在两者之间寻找一个平衡点。比如，如果你应聘的是一个财务工作，你可以这么说：“我是个慢性子，这使得我常常对每件事情都考虑得很细致。”又比如，你笼统地说：“我的确有很多缺点，但是我想这些缺点并不会影响我的优点的发挥。”

有时，面试人员通常还会这么问：“如果你的意见和上司的意见发生了冲突，你会怎么做？”这种假设是想试探你的沟通能力和自我认同感。你的回答应该是：“首先，对上司的意见进行思考，因为毕竟他比我更有经验，看问题也会更加全面和深刻一些；其次，如果我确认我的意见更加准确，那么我会把我的意见和上司进行沟通，相信他也会赞同我的意见，因为毕竟我们的目标是相同的。当然，在沟通的过程中应该注意运用一定的技巧。”

最后一个问题是你最为关心的问题，那就是薪酬。求职者即使不认为这个问题是最重要的，至少也会认为它很重要。如何跟面试人员谈论薪酬问题十分关键，它对你面试成功与否有很大的影响。此时你应当大胆地说出你的期望薪酬，不要说“按照公司的规定办”之类的话，这表明你对现在的工作并没有很清楚的认识。当然，你的期望薪酬应该跟公司和你个人的要求都相符合，过高或过低对你都没有好处。给出一个可以浮动的范围，这样让对方有考虑的空间。一般而言，如果你的确很适合的话，雇主不会让你失望的。

面试考验一个人的心理素质：

（1）端正面试的态度，想办法让自己明白，面试成功和失败都不是什么大不了的事情。

（2）要保持诚信、不卑不亢的态度。要知道，推销自己只是手段，而不是目的。

（3）不要忘记，面试也是你在选择对方，你要主动选择。

技巧二：职场命运与你的说话方式有关

卡耐基的忠告： 仅凭自己的知识和技能，而忽视与别人的沟通和合作，是无法完成所有工作的。

工作是如此重要，我们大部分时间都花费在工作中。因为，一个人如果想要实现某个目标，只有一条路可以走，那就是让自己的才能在工作中充分发挥出来，并且设身处地地为别人着想。让人颇感振奋的是，虽然工作总是让人很头疼，但是它的确既能够使人们实现自己的理想，又能推动社会的进步，进而实现自我的价值。正是工作使自我和社会完美地结合在了一起。

几乎所有人都希望自己能够在职场中获得成功，希望自己能够有更高的工资、更高的职位以及更多的来自他人的尊重。是的，人人都希望成功，但是关键在于，究竟怎样才能取胜？

在我的卡耐基口才训练班中，有90%的学员来自职场。他们中有全国有名的公司的高层领导，也有小公司的底层职员，有从事案头工作的文员，也有从事推销工作的推销员，有工作多年、经验丰富的人，也有很多刚刚迈进职场的新人。为什么他们一致地想到来我的卡耐基口才训练班呢？

洛杉矶的一家化妆品公司的策划经理娜色说："我希望能够处理好和同事、领导之间的关系，因为正是这种关系决定了我未来的前途。我希望自己能够取得成功。”

“那么，你认为口才能够帮助你做到这一点？”我问她。

“是的。”她非常肯定地说。

我要说的是，导致一个人成功的原因是非常复杂的，显然娜色说得有些绝对了，但是却不可否认，她的确说出了口才对于那些在职场中的人们的重要性。如果说一个人在职场中成功的20%的因素是他的其他个人才能的话，那么还有80%来自于他口才的贡献。一般人往往忽视了这一点，尤其是那些职场新人。

曾经有来自各行各业的很多学员向我抱怨，说他们拥有相当高的才能，却没有办法取得成功。我知道他们的问题之所在。实际上，大部分职场中的人都有一个误解，很大的误解。他们认为，在职场中要成功，要得到更高的薪水和职位，只有一个办法，那就是让自己的工作出色。这是职场新人通常会犯的一个错误，他们只是想当然地认为，只要能够在工作中发挥出色，就能够使自己在职场中取胜。只有经过一段时间以后，他们才会发现，仅凭自己的知识和技能，而忽视与别人的沟通和合作，是无法完成所有工作的。更加重要的是，在多数情况下，你展现自己的知识和技能的时候，如果对方不能理解你，那么你也不会成功，更不用说在职场中取胜了。既然我们知道了这一点，那么我们该如何去做才能在职场中取胜呢？

有一天，史考伯先生很感慨地对我说：“一切都是人跟人之间的问题。”他的这句话十分有道理，在职场中也是如此。那些职场中的人们有时候会非常惊讶地发现，讲话的方式有时候甚至比讲话的内容更加重要。如果想要领导同意自己的某个计划，不仅需要这个计划很出色，更加重要的是要让他相信这一点；让下属努力工作的方法不是命令他们这么做，而应该是鼓励和建议他们这么做；同事不会因为出色的工作而尊重你，除非你也尊重他们。

威尔逊是美国某连锁店的老板，每周他都会举行一次经理会议。某一年夏天，由于市场疲软，几家店的业绩连续几个星期都在下滑。威尔逊打算批评这些经理，但是，他并不打算直接对他们进行批评，因为这样对公司没有任何好处。所以，在会议一开始的时候，威尔逊极力赞扬了这些经理，肯定了他们为公司作出的很大的贡献——在市场这么疲软的状态下，都只是稍微减少了公司的利润。

本来打算为自己辩护的经理们对威尔逊的赞扬十分认同，他们感到自己受到了重视，心情自然就开始好起来，一个个都精神焕发。威尔逊的话音刚落，马上就有一位经理站起来发言。他对自己经营的店面的业绩下滑展开了自我批评，认为自己完全可以做得更好。他向威尔逊表示，他打算在下一阶段推行一些新的政策，力争使业绩能够回升。其他的连锁店经理也纷纷表明了自己的意见和决心。这种热烈的场面是以前从来没有过的。

威尔逊作为连锁店的老板，具有绝对的权威。但是他明白用强迫的方式不一定能够达到自己的目的，因此就用了另外一种说话的方式。事实证明，采用这种方式的确取得了成功。

如果说领导对下属说话应该注意说话的方式，那么下属对领导说话就更加应该注意。下面是一个十分有代表性的例子：

德国一家著名的电器公司在某一年推出了一个新产品。他们准备设计一个出色的商标，并重点把这个新产品推向日本市场。

这家公司的总经理设计了一个商标，并自鸣得意。在一次会议上，他提议大家对他设计的商标进行讨论。会上，这位总经理说："我想，这个商标绝对是非常合适的。它的主题图像是太阳，这使它看起来像日本的国徽。日本人一定会喜欢它的。"

看得出来，这是一次没有多少实际意义的会议，因为大家似乎都只有一种选择，那就是同意总经理的意见。所以，绝大多数人都极力赞扬这个商标设计得非常出色。

但是，一个年轻人——广告部的经理，站了起来说："这个商标并不非常合适。"这时候所有人的惊奇的目光都集中在了他的脸上，总经理也露出了惊讶的表情。大家都等着他继续往下说。

“它设计得太完美了，”这位年轻的经理不慌不忙地继续说道，“毫无疑问，日本人一定会喜欢这样的商标。但是问题在于，我们的商品并不全部销往日本，也销往其他亚洲国家。他们都会喜欢吗？”

这样，他不但给总经理留了面子，而且也巧妙地暗示了这个商标的错误。总经理在会后说，这位经理的话简直是“再高明不过的语言”了。

一般人如果认为自己的意见比领导的好，就会直接向领导提出来。他们满以为领导会接受他们的意见，但是事实往往与他们想象的相反——领导拒绝了他们的意见。于是他们就开始抱怨这个领导过于独断、自私和蛮横。但是他们却并没有自省自己的说话方式是否有问题，问题就在于这——问题就出在你自己身上。

实际上，每个人都有这些性格特征，只是有没有表现出来而已。当自己的意见被下属否定时，领导一定会产生一种不满意感，觉得很没有面子，从而失去客观的立场。这样一来，他拒绝下属的意见也是顺理成章的了。这位年轻的经理成功地使领导接受了他的意见。为什么他能够成功？因为他采用了正确的表达方式。

而就同事之间而言，说话的方式也很重要。相对于领导和下属之间的关系而言，同事之间有的只是平等的合作。这样，如果你打算请求同事配合你的工作，你没有权力要求别人这么做，所以就应该特别注意说话的方式了。

在职场中注意说话的方式，会使你游刃有余地活跃在这个大舞台上。当你在职场中遇到一些比较棘手或者烦恼的事情时，你就应当反省下自身的问题，是否原因就出在你的说话方式上。认识到这一点，你才能真正地解决掉问题所在。

职场不败“三原则”：

（1）不要批评或者指责别人，即使你拥有权威。

（2）任何一个人都应该受到尊重，这是最基本的前提。

（3）用委婉的方式求得别人的合作和共识。

技巧三：与上司交流的学问

卡耐基的忠告：职场的确是一个十分复杂的地方，并不是全部由才干和能力来决定你的前途和方向。

身在职场，我们不得不考虑到与上司相处的学问。听起来让人比较沮丧的一个事实是，在某种程度上，你在职场的前途是由你的领导决定的，因此你必须得让他觉得满意，或许有些事情可能要询问同事的意见，但不管如何，你的升迁或加薪等事情毕竟最终是由他说了算的。所以放弃你那幼稚的想法。不要想当然地认为，勤奋苦干就能让你在职场一帆风顺，这是错误的想法，绝对是错的。我不是危言耸听，虽然勤奋苦干的人确实是上司都喜欢的员工，但是这却不是主要的。

职场的确是一个十分复杂的地方，并不是全部由才干和能力来决定你的前途和方向。在这里，你的个人需求和公司的需求必须有一个恰当的结合点，你的个人爱好和工作性质可能会发生冲突……因此，如果你身处职场，就要学会恰到好处地跟领导交流。我这里有一些建议可以参考。

主动地与领导交流

人性都渴望交流和沟通，领导也是如此。你不一定要等到领导召唤的时候才走进他的办公室。如果你有一个工作上的意见或建议，你可以去敲他的门。我还没有见过哪位领导的办公室是不让下属进的，一般而言，他们是欢迎你的。

主动地与领导交流能够使你给领导一个非常好的印象，因为这代表你在用心工作——用心工作我并不反对，但是关键是要让领导知道这一点。另外，了解所有下属是领导需要掌握的一种信息和基本的工作任务，因此即使你不找他，他也会主动找你谈的。

学会提建议

如果你的领导对你说："有自己的想法是好的。"在一般情况下，这不是客套话。一般的领导都喜欢有想法的下属，他们似乎更喜欢那些新奇的玩意儿。千万不要忘记，正是这些东西能够给他们带来好处。

请记住这一点，向领导提工作意见，是博取领导好感的一个很有效的方法。当然，其实际内容也应很不错。但是，在此之前你必须先做一些事情。

首先，你应该对自己的意见或建议有十分成熟的思考，而不是仓促之间形成一个灵感。如果是一个建议，你最好不仅告诉他你的建议是什么，还要告诉他为什么要这样以及应该怎么做。有时候，一个点子的可执行性恰好是决定它的好坏的关键。

其次，摸清你的领导的工作习惯，把握好交流的时机。当然，你不能在领导会见客人或者通电话的时候去见他。尽量不要在他专心思考某个问题的时候去打扰他。

最后，你需要注意的就是，提建议的态度千万不要表露"我比你聪明"之类的想法。这种想法本身就不是事实，也没有任何好处——它对你来说是致命的错误。因为这说明，你向领导提建议的本意只是为了表明自己更加优秀而已，而不是为了工作本身。

不卑不亢的态度

领导对身处职场中的人来说的确非常重要。我在前面已经说过，他们对你的升迁和加薪等问题具有决定性的作用（即使不是你的直接领导，也或多或少具有一定的影响力）。

另外，他们的确在某些方面比你更加出色，在工作和事务上，他们也扮演着更加重要的角色。在这个意义上说，我们必须对他们保持相当的尊敬。

但是这绝不意味着你很卑微，因为在人格上，你们是平等的。传统的那种对领导一味地奉承和附和已经没有多大的意义，你并不会因此给领导留下深刻的印象。

现在的领导都相信，自己需要的是那种有见识并且诚实可靠的下属。随声附和除了能够满足他们的虚荣心之外，对他们没有任何意义。因此，你需要勇敢地表达自己的观点。

要游走于尊敬和独立之间，做到这一点的确很难。但是如果你想在职场中取胜，也只有做到这一点。另外，你可以把做到这一点当做是一次挑战。

正确对待批评和指正

所谓的“正确对待批评和指正”是指对领导所说的话，接受正确的部分，拒绝错误的部分。领导有责任、有资格对我们进行必要的批评和指正，这样才能使我们不断地进步。他们比我们拥有更多的学识和经验，看问题也更加全面和深入，角度也更新。因此，我们不应该因为受到批评而羞愧，甚至怨恨；我们应该很高兴才对，因为我们又可以纠正自己的一个错误了。

当意识到领导的观点有错误的时候，一般的人都会对自己的观点产生怀疑。这种怀疑是十分必要的，关键是不能因为怀疑而轻易地否定自己的观点。还有一部分人经过怀疑后确认自己的观点是正确的，但是却不作任何反应，就好像领导的话是金科玉律一样。

领导怎么可能没有错误呢？当然，向领导提出我们发现的问题也不是一件十分简单的事情。虽然我们一再强调领导应该宽容、大度和理性，但是现实生活却是另一番情景。他们往往在做事的时候并不那么理性，甚至比我们还偏激。我们必须客观地认识到这一点，他们只是比我们少一些错误罢了。一种观点是，我们好不容易发现了领导的错误，因此不应该错过表现自己的机会。但我更加喜欢换一种方式理解，即认为这是对工作的一种认真态度。做任何事情都要尽自己的所能做到最好，而不是采取马马虎虎的应付态度。

因此，我们应该采用一种既符合我们的身份又可以被他接受的方式去提出我们发现的错误，并且说出自己不能接受的理由。当然，在任何时候，我们都应该以理服人。但是，千万不要当面顶撞领导，这会给领导和你自己都带来伤害。那些莽撞的，自认为有才识、有能力的下属常常以顶撞领导为乐，因为这好像能说明他的确很有才能和与众不同。也许的确如此，但是他们这样表现出来并不是很高明。

正确的表达方式

注意你和领导说话的方式，你应该做到语气适当、措辞委婉，你应该继续保持那种尊敬和独立之间的平衡，在表达的时候要特别注意这一点。

另外，为了不浪费领导宝贵的时间和展现自己的语言表达技巧，你都应该言辞简短，当然是要以把你的意思表达清楚为前提。

注意一些说话的禁忌。选用那些合适的词语，不要使用和你的地位不相称的词语。这些词语包括“您辛苦了”“我很感动”“随便都行”等，它们会让你看起来更加像领导。

把握提要求的度

为了谋求更高的职位和薪水或者更好的工作环境，你可能需要向领导提一些要求。一般来说，领导对提出要求的下属的态度是理解，但也十分为难。领导感到很为难的原因很复杂，其中有一些原因与下属无关，另外一些原因则与下属有关。为了使自己的要求更加容易被领导接受，你需要注意一些提要求的技巧。

第一，不要提过高的或不切实际的要求。领导不但无法满足你那些要求，而且会因此对你产生反感。它很容易使你和领导的关系变得很糟糕。

第二，注意你的措辞。不管你认为你的要求有多么合理，都要尽量用商量的语气跟领导说话。不要让领导觉得自己受到了威胁，或者被命令满足你的要求。他会不自觉地拒绝你的要求，即使没有太多的理由。

▶▶ 与领导相处的三项原则：

（1）你必须保持对领导的相当程度的尊敬，同时也应保持自己人格的独立。

（2）千万不要在领导面前说别的同事的坏话。

（3）注意与领导保持沟通，无论是工作上的事情，还是你个人对公司的一些想法。

技巧四：与同事交流的技巧

卡耐基的忠告：对于他人的弱点和不足也不要当成交谈的话题，这只显出你人品和道德的低下。

身在职场的人有时候会感到很累，因为在这里充满了太多的无奈——自己不喜欢应酬太多，或者不得不跟那些自己不大喜欢的人一起工作。的确，你可能没有更好的选择。但是，职场也未必像你所想的那样只是让人悲观，关键是要看你如何看待。

只要你按照下面的方法来做，你与同事之间的关系将不再是使你烦恼的事情。

第一，对同事多赞美，少指责

不论是同事穿了一件漂亮的衬衫，还是工作干得出色，你都可以赞美他。不要吝于赞美你的同事，因为赞美是最直接、最有效的使他对你产生好感的方式之一。当然，你不能毫无原则地赞美他，否则会给人一种不真诚的印象。

第二，端正心态，纠正态度

一般而言，同事和你仅限于工作上的合作关系。当然，也许你和同事之间也会成为朋友，但大部分时候你们却是合作伙伴。所以，除了亲人之外，最经常见到的人恐怕就是同事了。如果你愿意，你可以从同事那里学到很多有用的东西，就好像你从朋友身上学到的一样。

不论你对你的同事多么喜欢或者讨厌，在跟他们交谈的时候，你都要首先尊重和体谅对方。每个人都有自己的优点和缺点，他们会给我们提供很多工作上的经验和知识。但是如果在你们之间划出一道鸿沟，你就失去了更多提高的机会。

第三，学会调节气氛，适当制造幽默

办公室里可能需要一些欢声笑语，这有助于活跃工作的气氛，这样可以使人际关系更加紧密。幽默是人际关系的润滑剂，你的一两句幽默话可能会起到这样的功效，也可以展示你的才华和个性，但是你必须注意掌握开玩笑的分寸。

另外，你要注意开玩笑的场合。在专心工作的时间内，最好不要突然来一句幽默。这样不但违反纪律，而且会影响工作。

开玩笑要适度。不要把玩笑开得过火，否则势必会给你和同事带来不利的影响。

制造幽默也要分清对象。对不同的同事，应该有不同的对待。也许有些同事天生没有幽默细胞，他会对你的幽默产生误解。

最后，你要谨慎地注意到这一点，不要开黄色的玩笑。我知道很多成年男人经常喜欢说一些黄色笑话，在同性中尚可以原谅，但是如果有异性在场，那么这种玩笑一般是不应该开的。

第四，多倾听，少说话

不要在办公室里唧唧喳喳地说个不停，这里不是表现你的演讲才华的地方。许多人急着想要别人了解自己，话说得太多了。你应该把你的主要精力放在观察和学习而不是表现自己上。只有向你的同事请教工作上的问题，才会使你自己得到提高；否则，你就将落后于他人。

仔细地倾听同事所说的话，不要因为对方说的话不重要或者没有水平就心不在焉，尽量发现对方说话中的积极因素。任何人都有可能成为你以后的合作伙伴、好朋友，甚至是顶头上司。

第五，学会巧妙地拒绝

每个人的能力都是有限的，每个人也都有不得已的苦衷。虽然同事之间难免有工作上或者生活上的事情需要相互帮忙，但是有些时候你不得不拒绝对方的请求，这是让人为难的地方。只要处理得当，这并不是一件让你烦心的事情。

拒绝同事必须以维持你们之间的关系为前提。当你的同事打算请你办一件事情的时候，你可以告诉他你还有一些重要的事情要做，等把这些事情做完了，你才能帮他做这件事情。摆出你拒绝的原因，对方一定会理解你的。

第六，注意交谈中的忌讳

每个人都有秘密，对于别人的这些隐私最好不要触碰。另外，对于他人的弱点和不足也不要当成交谈的话题，这只显出你人品和道德的低下。在交谈中，有下面几点最好不要触及。

不要在同事面前说上司的坏话，不要随便交心。你的有些似乎是开玩笑说出来的话被你的同事听到后，一部分人可能会把你当做他的垫脚石。你不能不防这一点。

不要刺探别人的隐私。人人都以了解别人的隐私为乐，却不希望别人了解自己的隐私。因此，为了不至于引起别人的反感和警惕，千万不要打听别人的隐私。

不要过于张扬。不要在同事面前显得自己多么与众不同。实际上，每个人都会认为自己与众不同。因此，保持低调、谦虚的态度，只有这样才会使你得到同事的认同。

不要命令别人。我在前面已经说过，不论是在经验、学识还是在地位方面，你都没有资格去命令你的同事。如果你想得到别人的帮助，只有使用别的方法。

与同事愉快合作的注意事项：

（1）只有对别人尊重，别人才对你尊重。

（2）与同事和谐地相处，能够使你的工作更加顺利地开展，并且能使你愉快地工作。

（3）不要急于表现自己，不要话说得太多或者自大，这样会使你和同事之间产生距离。

技巧五：与下属沟通的艺术

卡耐基的忠告：不要忘记鼓励犯了错误的人，他们可能已经在某种程度上对自己失去了信心，急需别人给予肯定。

如果你是一个领导，那么你就不得不与你的下属——那些职位低于你的人——进行有效的沟通。一个领导只有掌握了沟通艺术，才能成为一个好的领导。可以说，沟通艺术是领导艺术中非常重要的一种。遗憾的是，很多领导与下属之间出现了沟通上的问题，这不仅对个人产生了很不利的影响，而且也阻碍了工作的顺利进行。

那么应当如何有效地与下属进行沟通交流呢？我认为应该从下面几点来做。

第一，清晰、明确地下达指令

清晰、明确地下达指令，这是对领导者的基本要求。用简洁、有力的话表达你的意思，让它们有效地传达到下属的脑海中去。尽量让你的指令没有歧义，也符合下属能够理解的水平。

很多领导喜欢长篇大论，这往往导致在说完某件事情后，下属们完全不明白他想要表达的意思究竟是什么。这是因为领导者在下属的心目中已经建立起了某种权威，他们说的每一个字、每一句话都会作为重要信息传达到下属的大脑里。正因为接受的信息过多，下属忽略了领导想要表达的重要信息。我并不想说这完全是领导者的责任，但是至少他应该承担大部分的责任。

所以，作为领导者应当考虑得更为全面以确保指令的有效执行。你考虑的不应该光是你想要表达什么，还应该包括听的人接受了什么。不要让自己的话漫无边际，只有等下属完全明白了你的意思，你才可以这么做。而且你的确不应该长篇大论，因为下属有他们自己的工作要做，他们不是来听你的高谈阔论的。

许多领导者有许多新奇的想法，他们是高效率的“点子”生产机。但是，他们却不懂得如何把这些点子有效地得到执行。他们经常会否定一个小时前的指令，而用新的指令去代替它。结果怎么样呢？这让下属非常的头疼，他们不知道如何执行，因为他们往往同时得到几个相互矛盾的指令，这确实是一件非常让人为难的事情。我见过很多领导都犯有这样的错误，他们的权威不容侵犯，最后只有一种情况发生——下属忍受不了这种折磨，自炒鱿鱼。所以，不要朝令夕改，要让你的指令都是你成熟的想法。

第二，随时和下属进行谈心

谈心是一种最直接和最有效的沟通方式，它能及时了解下属的想法和意见，是防患于未然的一个重要方法。在平时要多注意和下属的谈心，你需要注意以下几点。

确定目标。确立你谈话的具体目标，明确谈话的主题，列出你可能和对方交换、传达的信息，然后安排好谈话的时间和地点——我认为不应该固定时间和地点。

了解下属。彻底了解你谈话的对象。要从下属的角度出发考虑谈话中可能会出现的问题，以及谈话会对他产生的影响。

引导谈话。将谈话引导到你的预定方向上去。当然，你可能也会得到很多意想不到的收获。

第三，对下属进行有效批评

人人都会犯错误，因此批评教育也肯定是不可避免的。当下属做错了一件事情，或者没有完成某件事情的时候，领导当然应该对其进行批评和训导。关键在于，你的出发点是想解决问题。你需要按照以下几点来做。

对事不对人。在你进行批评和训导的时候，应该让他觉得你并不是针对他本人，而是针对具体的事情进行批评的。你应该平静地指出问题之所在，并且以各种方式暗示对方，你的目的只是为了使工作做得更好，而不是图一时之快。

保持平静的态度。不要给下属一种正在被审判的感觉，你需要营造一种平和、认真的沟通气氛。只有在这样的气氛当中，你们才能有效地解决问题。

保持公平公正的态度。公正地指出下属所犯的错误和应该负的责任，任何一个错误都不会只由某一个人造成，并且，你的下属当然也不希望犯这样的错误。

适度的原则。你应该指出他只是造成这个错误的一分子，并且应依照相关的规章制度客观地指出他应该承担的责任，不要给他一种罪不可恕的感觉。这样他不仅不会改正，还会自暴自弃或者逆反到底。

对其进行鼓励。不要忘记鼓励犯了错误的人，他们可能已经在某种程度上对自己失去了信心，急需别人给予肯定。当然，也不要忘记指导他们对错误进行改正。

管理不在你的权威，而是态度：

（1）不要以那种高高在上的态度与下属说话，否则你必将收不到很好的沟通效果。

（2）你的诚恳态度不是一种妥协和退让，你仍然需要在必要的时候保持领导者的权威。

（3）尊重你的下属，这是对方尊重你的前提。

技巧六：成为一名激励高手

卡耐基的忠告： 激励的作用常常可以创造一些看似不可能的奇迹。

我曾经看到过许多濒临破产的企业，他们的员工都是懒洋洋的，没有一点儿工作热情。我并不想讨论企业的濒临破产是不是他们这么消极导致的，但是我敢说，如果能够激发他们的热情的话，这些企业中90%都可以起死回生。

我并没有高估这种威力，有很多人也是这么认为的。近来，越来越多的企业家热衷于领导艺术的研究了。他们开始致力于研究这样一种方法，即如何使员工发挥出自己的潜能，从而走向事业的成功。他们发现，只有激发员工的这种工作热情，企业才能走向成功。

激励别人获得成功是一件非常美妙的事情，激励的作用常常可以创造一些看似不可能的奇迹发生。

意大利的那不勒斯有个10岁的男孩，一直渴望能成为歌唱家。但是他的第一个老师却浇他的冷水。“你还是放弃吧，”那位老师说道，“你的音质不好，听起来像是风吹在百叶窗上一样。”

但是男孩的母亲却不这么想，她是个贫穷的乡下农妇，常常搂着男孩并赞美他的歌声。她知道男孩会唱歌。也一定能继续改进。于是这位母亲省下每一文钱让男孩去学唱歌。男孩在母亲持续的鼓励和赞美之下，终于成了一代有名的歌剧演唱者。这个男孩就是歌王卡罗素。

19世纪初，英国伦敦也有个年轻人，满怀大志想成为一个作家。但事事显得极不顺利。他的父亲因为不能偿还欠款被判入狱，而这个年轻人只受过不到4年的正规学校教育。不仅如此，他还常常忍受饱尝饥饿的痛楚。后来，他在一处破旧工厂仓库，找到一份粘贴标签的工作，晚上则与另两名贫民窟的男孩睡在一处阴暗的小阁楼里。

他对自己的写作能力实在没有信心，每次都到三更半夜才偷偷溜出去把稿子投进邮筒里，因为他怕别人知道了会取笑他。他写了又写，但没有一篇被采用。他永远忘不了这伟大的一天，他的作品被采用了。虽然，他并没有收到一文稿费，但那名编者写了一封信称赞他。年轻人因这突来的认可而显得十分激动，他漫无目的地在街头游走，泪水滚落面颊。

这次投稿所得到的称赞和认可，使年轻人的生命整个改变了。假如不是那位编者的鼓励，他很可能终其一生在那间破旧的工厂里粘贴标签。这个年轻人就是英国著名作家查理·狄更斯。

还有一个故事，一个伦敦男孩在一家杂货店当店员，他早上5点钟就得起床，然后清理店面，接下来就是奴隶般地忙碌14个小时以上。每天都是如此，男孩十分厌恶这样的苦差事。两年之后，他实在忍不住了，便在某天清晨，连早饭都不吃，徒步行走了15里路来到母亲打杂的地方向母亲诉苦。

那样的生活几乎使他发狂，他向母亲哀求、哭诉，发誓若送他回去便要自杀等。接着，他写了一封信给以前的老师，把自己的惨况告诉了他。而那位老师也回了他一封信，不但加以慰勉，而且认为他的聪明才智应该配得更好的工作，于是便请他到学校去任教。

这封称赞的信彻底改变了男孩的一生，也影响了英国文学的历史。此后，这个男孩勤于写作，所发表的作品都十分轰动，并因此成了百万富翁。他就是H. G. 威尔斯。

上面这些案例正是我所要表达的，只要你善于利用激励，找对激励的方法，那么你就可能促成别人走向成功，同时也促使了自己的成功。正是这样，很多企业里管理者们都懂得运用激励机制来调动员工们的积极性和创造性。那么，我在这里列举几项他们激励别人走向成功的方法。

时时赞美对方

赞美是激起员工积极性的一个非常直接、有效的方法。安德鲁·卡内基非常善于运用这个方法去激励他的下属。他的下属之一、造船厂的总经理修韦伯曾经这么描述过他："公司里的重要人物、那些能干的人，基本上都是因为他的称赞而成功的。在我见过的大人物（其中包括不少优秀的企业家）中，他是最擅长使用称赞而使人获得进步的。这种方法的确很有效，正是它成就了很多人的事业。它也是卡内基先生获得成功的一个重要原因。"

修韦伯本人也是自己描述运用赞美取得非凡效果的人之一，他从卡内基那里学到了赞美的方法。作为一个造船厂经理，他的职员的工作热情几乎都非常惊人。在卡莫狄的工厂中，一项工作纪录才刚刚产生，马上就被另一项纪录打破了。

比如，在建造塔卡特号轮船的时候，他们只用了27天就完成了任务，这又是一项新的纪录。修韦伯和所有员工举行了一次庆祝大会。他作了一番赞美他们的演讲，并且送给每一个职工一枚银质奖章和一份威尔逊总统贺信的复印件，他还送给船厂每一位质量管理员一块金表。

相信我，赞美的力量的确不同凡响，如果你尝试一下你就会知道我说的是多么的正确。

挑起竞争意识

挑起员工的竞争意识，这是激起他们积极性的又一个绝好的办法。

一天，查尔斯·史考伯在下班时，被一位分厂厂长拦住了。他对史考伯说："我不知道这是怎么回事。我用了各种办法去激励我们厂的员工，但是他们却总是不能完成生产任务。"

"我很奇怪，"史考伯说，"你是一个能干的领导者，竟然也不能使他们热情地工作？”

“确实，”那位厂长哭丧着脸说，“我已经用了能想到的所有办法。我苦口婆心地引导他们、激励他们，甚至威胁和责骂他们，可是他们却无动于衷。”

于是，史考伯跟那位厂长一起去了工厂，当时正是他们厂白班和夜班的交替时间。史考伯拦住一位正准备下班的员工，问他说：“你们今天生产了多少台机器？”

“6台。”那位员工回答说。

史考伯点了点头，向厂长要了一支粉笔，然后在地板上写了一个大大的“6”字，什么也没说，就一声不响地离开了。

那些上夜班的工人看到地板上的字很奇怪，于是就问那些上白班的人是怎么回事。

“刚才，史考伯先生来过了，”上白班的人回答道，“他问我们生产了多少台机器，然后就在地板上写下了这个字。”

当第二天史考伯再次到来的时候，地板上的字已经被上夜班的人擦掉，改成了一个大大的“7”字。史考伯满意地笑了，然后又一声不响地离开了。那些上白班的人来的时候，看到这个“7”字，感到这好像是在说上夜班的人比他们强。他们当然不甘示弱，于是他们加紧工作。到下班的时候，他们得意地在地板上写了一个“10”字。而结果是，到了月底，他们超额完成了生产任务。

我们看到，史考伯先生在整个过程中，从没有对那些员工说过要努力工作，但是他究竟使用了什么样的魔法，使他们积极主动地工作呢？很简单，他激起了员工的一个十分重要的竞争意识，就是那种相互超越的欲望。事实证明，这种欲望的力量是强大的。

给别人一个美名

莎士比亚曾经说过：“如果你希望拥有一种美德，不妨先假定你已经拥有了它。”每个人都有一个理想化的自己，而这个理想化的自己拥有几乎所有的美德。所以，你如果按照这种方法去做，事先给了对方一个美名，那么他会竭尽全力去做到这一点，好像他们就要做给你看似的。

我的朋友钦特夫人最近雇用了一个女佣，并告诉她星期一上班。然后，钦特夫人打电话询问这位女佣以前的情况，她以前的雇主说她的表现不是那么让人满意。

但是要换人已经是不可能的了，因为钦特夫人已经雇了她。于是钦特夫人想了一个办法，即通过给她一个美名来使这个女佣得以改变。

星期一的时候，女佣准时到达。钦特夫人对她说："我昨天打了电话给你以前的雇主。她告诉我，你是一个诚实、勤劳的女孩；你的菜做得很好，而且很会照顾孩子。她说你唯一的缺点就是做事有点随便，屋子收拾得不是很干净。不过，我并不相信她说的话。因为你穿得十分干净和整洁，怎么可能不爱干净呢？"

这段话改变了这个女佣，她和钦特夫人相处得很好。这个本来不爱干净的女佣，为了维护自己的美名，每天勤快地打扫，不惜多花费几个小时。

既然这种方法如此有用，又不会使你少点什么，相反，它还能使你成为一个善于激励的管理者，那么，为什么不照做呢？

帮助别人成功，就是你的成功：

（1）针对别人的优点进行赞美，这是最直接、最有效的方法。

（2）称赞他人的每个进步，即使十分微小，要"诚于嘉许，宽于称道"。

（3）假如要激励我们所接触的人，认识他们所具有的宝藏，我们所能做的比实际上改变的人还多。我们真能改变他们。

技巧七：切勿谈论职场禁忌话题

卡耐基的忠告：说话需要注意场合，在不同的场合应当说不同的话。

办公室是工作的场所，要牢记这一点。最好不要谈论跟工作无关的事情，你可以在别的地方谈论这些，但是在办公室里却不可以。说话需要注意场合，在不同的场合应当说不同的话。这句话的另一个意思是，每一个场合都有不应该说的话。在办公室里同样如此。

如果你想要树立你良好的形象，就按照我所说的方法去做，避免在办公室里谈论到下面的几个话题。

家庭财产问题

无论是你的家庭财产或者是他人的家庭财产，都不是你应当谈论的话题。我发现，很多人喜欢拿自己家庭的财产和别的同事比较，他们只是为了满足自己的好奇心和虚荣心。还有很多人喜欢在办公室里和同事提起自己最近去了一趟欧洲，或买了一套房子，并且表现出很自豪的样子。此时，他们的心情确实很好，但是这样却伤害了其他的同事，因为实际上他们就是在炫耀自己家里有钱。这样做有什么意义吗？除了满足你那脆弱的虚荣心外，你失去的将会更多。

所以，不要谈论关于自己家里的财产问题，这种问题除了给自己带来满足或者使别人伤心之外，不会有更多的作用。

谈论薪水问题

人们往往会把薪水问题当做个人隐私，因此，千万不要问别人的薪水是多少，也不要讨论公司的薪酬水平如何，因为在办公室讨论这种问题对你没有任何好处。

每个人都会有这么一种喜好，他们都喜欢知道别人的隐私，却不喜欢让别人知道自己的隐私。因此，如果你不打算自讨没趣，最好不要问别人薪水多少。另一方面，很多公司都运用不平衡的工资制度，使员工有不同的薪水，这是公司采用的激励机制。

同工不同酬对公司而言，是一件十分机密的事情。公司不希望引起员工和自己的矛盾，因此反对那些在公司里讨论薪水问题的行为，老板和领导也十分讨厌这些在办公室谈论薪水的员工。所以，如果你还不想招人厌的话就避免谈论这些。

当然，也许别人并不会这么做，但是你只要知道就好了。当别人问及你的薪水的时候，你必须拒绝他，不要因为不好意思拒绝而去回答。当他有这个想法的时候，提醒他这并不是一个很好的话题。如果他已经问出了这个问题，告诉他自己不想回答这个问。你当然有权利这么做。

进行公司之间的比较

每家公司都有自己的运营方式和特点，也都有自己的困难和不足，所以，不要拿自己的公司和别的公司比较。

难道自己的公司一定就比别的公司差？如果你的确这么认为的话，另谋高就应该是你正确的选择；如果你不打算这样做，而只是抱怨别的公司比你的公司好，这正说明一点，你现在正在这个不好的公司，那是因为你无能。

不要拿自己过去的公司说事。不要说“我过去的公司资本雄厚、工作环境好”。如果真是这样，你为什么不回原来的公司呢？老板不会喜欢你这样的话，同事也不会喜欢，因为他们好像听见你在说：“你们都是一群废物。”

鉴于上面的思考，我们可以知道这个话题确实是一个非常没有意义的事情，只会招人讨厌。

不要口无遮拦

你现在只是一个职员，而不是老板。所以，不要对你的同事发表演讲，说你以后打算怎么样，同事也没有义务去听你那无聊的话题。那些“我以后一定要自己当老板”之类的话，还是去跟你的朋友、家人说吧！

不要对别人抱怨你现在的职位，如果你认为自己的能力在这个职位上是一种浪费，那么你尽可以离开。而且，你所说的这句无心的话，只会使你在无形中树立很多敌人。因为据我所知，几乎所有人都认为自己被低估了。你应该在工作中表现出你有多么能干，而不是表现在说大话上。

在办公室里最常见的一个问题就是一个同事面前说另一个同事或领导的坏话，甚至是公司的坏话。那些人事关系的变动、职务的升迁都有自己的原委，并不是你想象的那样。搬弄是非对你没有什么好处，只是使你多了一种危险。你无法保证你的同事不说出去，即使他们看上去都十分可信。要知道，世上没有不透风的墙。即使你说的是一些非常中肯也没有什么恶意的话，人们传来传去，总会使你的话变了形。到时候，你会发现你已经无能为力了。如此一来，这个谣言所造成的后果最终会找到你头上。

谈论私人问题

不知道你有没有看到过一个人在办公室里向同事哭诉自己失恋了，但是我却看到过。那位下属并没有得到我的同情，而是受到了我的批评。我给她的建议是，不管她是失恋或者热恋都不要把她的情绪带到办公室来，并且不要在办公室里和同事分享自己的故事——这个地方并不适合做这些。

这是非常明智的做法，因为办公室只是你工作的地方，不是你处理私人感情的地方。你不应该把你的私人事情或者私人情绪带到工作中来，这对于他人来说的确是很不公平的一件事。如果人人都在工作时间里忙于自己的私人事情，那么工作还有什么意义呢?

还有一些人喜欢把自己生活中的事情在办公室里和同事分享，比如，自己的宠物是多么的可爱、多么的招人喜欢。这的确是令说话者高兴的事情，但是对同事来说却很无聊。这些无聊的话题只会分散工作时的注意力，而不会有助于工作。对于领导者来说，他们也会因此来评断你是一位对工作很不负责的人，并会因此炒你的鱿鱼。

职场不是“八卦”的场所：

（1）如果你想要树立你良好的形象，就用工作去证明。

（2）你跟你的同事、领导都只是一种工作上的关系，而不是生活上的关系——他们并不一定是你的朋友。

（3）不要闲聊，闲聊只会使你显得很无聊，而不会拉近你和同事之间的关系。

THE ART OF
COMMUNICATION AND
WISDOM OF LIFE

下篇·影响他人的处世智慧

第七章
家庭和谐的相处技巧

技巧一：男人维护家庭和睦的艺术

卡耐基的忠告：适当地对妻子表现出殷勤，并不会对他的公共形象造成任何损害，反而会促进他们夫妻之间的感情。

蒙哥马利是英国历史上著名的军事家。他在38岁的时候，仍旧是一个光棍。直到1926年，他的生活才因为遇到了卡菲尔夫人而发生了改变。

没有人想到这个声名显赫的将军会爱上一个军人的遗孀，但是蒙哥马利当然不在乎这一点，他在乎的只是他对卡菲尔夫人的爱情。一年后，他们在齐奇克教区的一个教堂里举行了婚礼，正式开始了他们幸福的婚姻生活。

蒙哥马利并不像一般的军人那样脾气暴躁，在整个婚姻生活中，他几乎没有什么粗鲁和没有教养的言行，相反，他对自己的妻子从来都是礼貌有加，而且似乎有说不尽的甜言蜜语。当贝蒂·卡菲尔做了一件家务的时候，他总是会对妻子说一声“谢谢”；他总是赞美他的妻子很漂亮，在平常的日子里，他也总是对妻子说一些话来逗她开心。他千方百计地使他的妻子感到幸福和满意，自己也因此得到满足。

1937年的春天——这时候，他们的婚姻已经持续了10年——当贝蒂在海边散步的时候，她不幸被一只毒虫咬了，并因为毒性发作被送往当地的乡村医院。蒙哥马利赶到医院，守护着贝蒂。最后，贝蒂在蒙哥马利的怀里安然逝去。在她临死前的几分钟，蒙哥马利还在为她朗诵《圣经》和赞美诗，但是却已经不能再唤醒妻子。

应该说，贝蒂是幸福的——我指的不仅是蒙哥马利在她死后没有再娶，她是他这辈子唯一的恋人——我想说的是，这个世界上的大多数女人好像都不如她那么好运，她们的婚姻生活似乎并没有这么幸福、浪漫。如果她们自己没有主动去行动的话，她们回家后看到的将毫无例外是一个一直冷冰冰的家庭。在结婚之前，丈夫是一个能说会道、口若悬河的人，但是结婚之后他却好像变了一个人一样，对家里的一切——包括自己——似乎都失去了兴趣。丈夫像蒙哥马利那样对自己说着不尽的甜言蜜语，这对这些可怜的妇女来说简直就是痴心妄想。

弗兰西斯·培根说："男人一旦娶妻生子，就意味着失去了财运和机遇。"这就是这位巨人在面对婚姻时的观点。他不赞成男人结婚生子、背负家庭的重担，认为他们那样做就要承担命运之神随时夺走家人生命的风险，是一种"很愚蠢"的行为。显然，培根表达了他对已婚者的悲观态度，但是它也从反面暗示了一个道理，那就是男人结婚是需要勇气的。过去的看法认为，单身男子更勇敢而无所顾忌，而那些结了婚的男人则显得谨慎呆板，但是现在看来，这个观念需要加以修正了。

事实上，单身男子和已婚男人相比，更显得拘泥呆板，这一点可以从他们不敢冒险去婚姻登记处、以避免破坏他们拘谨的计划中看得出来。他们谨小而慎微，性情捉摸不定，就像未婚女性向你描述的那样；他们更不敢跳入婚姻的海洋，只是在海滩上散步，偶尔用脚试探一下海水，一旦遇到大浪涌来时，他们就会立即逃到安全的地方去。

至于结婚的男人，则具备了胆量、勇气和如同赌徒那样的性情。那些在蒙特卡罗因赌博而破产的人和这种赌徒般的性情相比，只能算小儿科，因为他把自己的生命、未来和金钱等赌注全都押在一个女人身上，并保证让这个女人永远快乐。他的对手就是命运之神，他把一切都抵押给了命运之神，然后还冲着命运之神做鬼脸。

我们在此并不想批评这些已婚男人，而是向他们提出一些小建议，以增加他们婚后生活的快乐，表达对这些富有冒险精神的男人的敬意。康奈尔大学文理学院院长列奥纳多·S.柯瑞尔博士对于美好婚姻设计的蓝图就是“幸福的婚姻只属于那些心灵成熟、了解自己、善于和他人建立良好的关系，而且任何事情都能为他人的幸福着想的、富有责任感的人”。

柯瑞尔博士则提出了保持婚姻完美幸福的秘方，他说：“一家人是通过内在价值，例如情爱和伴侣等的满足而结合在一起的，这种内在价值是无法强求的。”在这里，他所说的内在价值，是可以通过一些手段加以发展、呵护和加强的。那些处于婚姻中的男人应当学会下面我说的，与你的另一半相处之道。

1. 不断地感谢和赞美她

如果你总是夸奖她，称赞她是多么的贤惠，那么她就会对你报以忠心，无论你是失业，还是变得又老又胖，她都会坚持留在你身边，即使一年到头总穿一身旧外套也不会有任何怨言。假如你必须节省开支维持生活的话，也千万不要吝惜给你妻子“嘴上的蜂蜜”。但可惜的是，在那些聪明的男士当中，不了解女性这一特点的人可不在少数。

虽然男人通常都认为能够娶到自己的妻子，是自己一辈子的福气。但是男人却并没有让女人们知道这一点，要知道，妻子是从不会厌烦丈夫赞美她们的。男人和女人不同，他们都很容易获悉自己在各方面的地位如何。比如，工作上出现了失误会有上司来提醒他；成交了一笔大买卖会有加薪或红利，或至少是上司当众予以嘉奖。可是成天待在家里的妻子又如何呢？如果丈夫不告诉她的话，她们根本就不知道自己的表现如何。因此，丈夫的赞美就是对她最好的奖赏。

你不妨仔细观察一下你所熟悉的那些幸福快乐的丈夫们，以及那些由贤惠的妻子料理家务而尽情地享受人生乐趣的丈夫们，他们之所以快乐，全都是因为他们深谙赢得女人芳心的技巧——让女人愿意永远为他们效劳的最有效、最妥当的方法，就是毫不吝啬地、经常性地给予她们真诚的赞美。

罗伯·N.普拉尔是我的朋友，他是纽约《世界电报》的专栏作家，也是曾经勇敢地揭露都市腐败现象的《大贿赂》一书的作者。罗伯最令人羡慕的地方，就是他拥有一个几乎所有男人都想得到的理想妻子；而他的妻子珍妮也认为，他就是这个世界上最伟大的男人，而且她逢人就夸自己的丈夫。

罗伯有的是让妻子保持良好感受的方法。例如，当出版商将手工精制封面的特别赠本送给罗伯时，罗伯会当场在书上题写赠言："献给珍妮——我亲爱的妻子和我的生命。"这样的赠言显然要比在支票上签名更容易让女人心花怒放，因为这是对她成功地料理家务的真诚而由衷的赞美。

2. 对妻子要慷慨和体贴

对于这一点我想很多男人都进入了一个错误的思想认识，他们错误地认为，慷慨大方就是当女人有需要时，就应该不假思索地帮她付账单，并且经常给她一些零花钱。可是现在我要告诉你的是，金钱和女人所看重的慷慨大方只不过是附属关系，她们更在意你这样对她说："好的，亲爱的，接你妈妈过来，和我们共度一段美好时光吧。"这样表现出来的慷慨大方对她们也许更有效。

你也许会问："这有什么不同吗？"是的，当然不同。女人们希望丈夫能在公共场所多关心体贴自己，就像他对一个陌生的美丽女子应该表现的那样，关怀和尊重自己，而不是像用金钱打发掉的乞丐一样。

你知道如何在一家餐厅里，不用询问就知晓餐桌上的一对男女是否已经结婚呢？你可以按照这样的方法来检验一下：两个人默默地坐在一起，男士只是专注地看着他盘中的小牛排和服务员，而女士则无聊地翻弄盘中的食物，这一对乍看上去好像互不相识，其实他们必然是已经结了婚的一对；相反，男士小心谨慎地为女士拉开椅子，让她坐下，仿佛她是玻璃制品，话题也是事先精选过的，那么这位男士如果不是在追求这位女士，就是在陪一位女客户吃饭。

有一次，我参加了一次欢迎某位名人的宴会，这位名人对几乎所有人都表现得异常热情——可是除了他的夫人，因为他甚至没看过她一眼，好像她根本不存在似的。这就是大多数人婚姻的现状。其实，适当地对妻子表现出殷勤，并不会对他的公共形象造成任何损害，反而会促进他们夫妻之间的感情。后来他们离婚了，当然这一结局在任何人看来都不是什么值得惊讶的，因为大多数人大抵如此照做或者是在忍受着。

既然你因为爱她而和她在一起，那么为什么不对她多多施舍自己的慷慨和体贴，表现你的仁慈和善良？现在，马上，从自己的家人开始。

3. 始终保持你的形象

我想许多男士都会有这么一种认识：只有女人才应该保持迷人的风采和适宜的仪表。因为通常只有女人才总会受到这类警告：不要涂冷霜、不能戴着满头发卷上床睡觉，还有就是不能有体臭、不能手指粗糙、体重超常和懒散成性。女人之所以如此在意年轻和身材苗条，是因为害怕自己一旦失去青春，就会失去自己的丈夫。

那么，我们看看那些男人们又怎么样呢？也许他是个时装模特儿，可是回到家里一看他就像一张没有清理的床。到了周末，他会怡然自得地穿一件衬衫埋头看报纸，穿着奇臭无比的拖鞋到处走动，既不洗澡也不刮脸，还自以为是地认为自己俏得很，他夫人能嫁给他真是她的福分。

再从妻子的角度来看：她不会在意她丈夫穿的是粗布工作服还是笔挺的西装，而且无论如何她都会爱他。但是，即使丈夫在家闲着没事干的时候，她也愿意看到丈夫洗了澡剃过胡子，穿着和居家生活相协调的衣服。虽然外表决定不了一个男人的地位，但是它能改变女人眼中的男人形象。

你认为我说的话都是一相情愿的？那么下面提供的一份问题清单，是那些企图博得女孩子（包括自己夫人）青睐的男士应该注意的：

（1）一定要保持仪表的整洁，要知道香皂和除臭剂不是专门为女人生产的。

（2）不要在大白天留着胡子不刮，除非你陪孩子到湖边去钓鱼。

（3）及时理发，不要拖延。

（4）让你的裤子保持笔挺，只有颓废丧气的男人才会容忍自己的裤子皱巴巴的。

（5）永远保持皮鞋的光亮，袜子要穿挺直了，脸上要常带笑容。

4. 了解她的付出

不少女性对挣钱和安排生活都有切身体验，随着职业女性越来越多，她们在婚前或婚后对工作的压力和要求也都或多或少地有了一定的了解。因此，男士们就应该对以前曾习惯于在厨房、菜市场和洗衣店之间奔忙的主妇的世界要多了解一些。

他必须体谅妻子，要知道她比他更容易受环境的限制，她的日子过得并不比他轻松，她也要为这个家庭的各种日常需求而操劳。做丈夫的，至少应该明白每天做那些例行家务是多么的枯燥乏味。此外，妻子还要照顾孩子，如果家中有人病了就更离不开她们；有时，她们还要安排全家的娱乐活动。她们常常是终年劳累过度，而最大的动力和回报，也只不过是家人的幸福和赞美。

所以，作为丈夫应该知道，妻子需要和外界多多接触，以增加对她的刺激，消除因工作枯燥而产生的无聊乏味。做丈夫的也应该经常带妻子出去，和别家的主妇进行交流。男人由于工作上的关系，使得他有机会参加各种社会活动，因此他希望通过休闲来获得宁静。这时，就要求丈夫把自己的需求和妻子所需要的富有刺激性的社交活动协调起来，将两者处理得相对平衡。要做好这一点，完全看他如何合理地安排。

5. 永远支持你的妻子

当遇到麻烦时，如果我们有一个可以全身心依靠的丈夫，那将比浪漫小说中的英雄救美还要强过百倍。

我的一个朋友曾向我谈起她经历的一次小小的危机，那是她最亲爱的姑妈第一次到她家时发生的。我朋友的姑妈才到她家，她孩子就得了支气管炎，病得只能躺在床上，结果招待客人的所有计划都泡汤了。

“如果不是汤姆，”她告诉我说，“我真的不知道该怎么办才好。他每天晚上都陪我的葛瑞丝姑妈出去散步，让她感觉过得很愉快。到了周末，他们就一起出去看风景。姑妈玩得高兴，这样也减轻了我的心理压力。虽然汤姆有些缺点，可是如果到了紧急关头，因为有他在身边，我就觉得自己有了依靠。”

这绝对是大多数妻子的心声。妻子们都希望自己的丈夫在自己遇到重大危机时能挺身而出，即使是日常小事上也要多多支持和帮助自己。作为丈夫，我们如何来呵护和支持她呢？比如，参加家长会和妇女俱乐部的各种活动时，妻子需要得到丈夫的支持和鼓励；参加教堂唱诗班或缝纫班的活动时，妻子也同样会有这样的需求；教育孩子时，妻子需要丈夫的帮助；在社交场合，妻子希望丈夫能成为她的骄傲；她愿意看到他玩得愉快，而不是洋相百出。她需要知道，无论出现什么紧急情况，无论发生什么事情，他都能永远和她站在一起，让她的内心有一种安全感。

6. 懂得与另一半分享

婚姻的成功与否，取决于夫妻双方的“分享”和“合作”。当两人在处理家庭问题时，必须试着把“你”和“我”转变成“我们”。

男人们也许会认为，买礼物、做家务之类的事情让他们参加的话，会有失男性的尊严。但是，如果他想使家庭常保温馨和睦，就应该先放下股市行情分析，尽量帮妻子做一些家务。既然他希望妻子对他提升为销售经理而高兴，那他为什么不能关注一下妻子今天说的一些家务事，对她在旧货市场检到的一个大便宜感兴趣呢？

家庭生活中的很多问题，都是一些鸡毛蒜皮的事情，但是就因为太小所以我们都不会去重视；也正因为这些小事，导致了我们婚姻的破裂。归其原因，都是因为我们不懂得与对方分享，例如，我们去哪里度假，我们的椅套和电视机是否都要换成新的，诸如此类。一旦夫妻双方了解对方在生活中所扮演的角色之后，所有问题都能迎刃而解。

安德烈·莫罗斯是一位善于洞悉人情世故的作家，他在建议男人如何与女人相处时说：“对女人认为重要的东西表示感兴趣，例如她们的穿着、她们为家庭所做的努力、她们对感情和人物深入细致的分析……当他有空时，不妨陪夫人去逛逛街、买些东西……在某些事情上为她出谋划策……对生活中的小事表示感兴趣，多和她交流。如果她喜欢音乐、美术或读书，就要设法了解她的嗜好。相信过不了多久，你就会惊奇地发现，你也对她的嗜好感兴趣了。”

7. 时刻向妻子表白你的爱

作家维奇·鲍姆曾说：“得到爱的女人，更容易获得成功。”丈夫一定要保证爱他的妻子，这可不像将结婚戒指戴在她手指上那么简单，而且要做到只要她高兴，他就应该每天都将结婚戒指戴在她的手指上。“男人喜欢感觉到他被爱着，”梅托·德这样写道，“而女人却喜欢男人说他爱她。”

我们也许很熟悉，所以不会再轻易说出“我爱你”。着实，对很多男人来说，这三个字的确让人感到尴尬。其实，你完全可以放松，即使你不必像欧洲的男人那样殷勤，也照样可以感动你的妻子。作为女人，她们总是有其独特的感知力，她们能通过无数种无言的暗示来感受到你的爱，例如你能在满屋子的人当中找到她；在电影院里紧握着她的小手；出乎意料的拥抱；温柔体贴，等等。

从女人的角度来看，她们搞不明白的是，为什么男人在婚前对她追得那么热烈，可是，婚后却不愿对她表露他的爱。

安大略多伦多市的一个青年，他名叫杰克·F.坦蒙，他在信中就承认自己犯了这样的错误：“我妻子是我精心挑选出来的理想而完美的女性。我们结婚后，我一心忙于工作，我们生活的全部事情则由我妻子承担。然而，这种生活模式显然行不通。我们婚后5年是不幸和失败的。终于有一天，我和妻子吵了一架，我4岁的儿子问我‘爸爸，你难道不喜欢妈妈吗’。我相信她是个好妈妈。我突然明白，原来自己是个彻底的笨蛋。我其实真心真意地爱着我孩子的母亲。我既爱她这个人，又爱她为我所做的一切。正是有了她的精心照顾，我们的儿子才长得那么健康可爱，而我却一直没有承担起一个做父亲和丈夫的责任。”

“我受到惩罚是应该的，但我决定尽力弥补错误。我找到我妻子，希望她能帮助我，使我成为一个称职的丈夫和父亲。感谢上帝，她成功了。现在我们又过起了真正意义上的婚姻生活，这种生活是建立在互敬互爱基础上的。她又为我生了一个女儿，我们的幸福价值千金。现在，我的孩子再也没有问过我为什么不喜欢他们的妈妈了！”

爱一个女人，绝不仅仅是只有火热的感情就足够了，它还应该涵盖许多内容，例如理解、殷勤、敏感和尊重。可是那些不懂得如何经营爱情的男人总喜欢寻找借口，说什么“没有人能真正了解女人”。他们顽固地认为，男人用的是直流电，而女人则用的是交流电，双方永远没有沟通的可能，于是他们就可以省掉许多尝试的麻烦。我在这里只想敬告这些先生：女人可不是来自外层太空，也不是用另一种波长做事，她们更不是什么怪物，她们虽然性别不同，但仍然是人。女人并不是什么难解之谜，很多男人都已经了解了女人，而且都是在他们结婚之后做到这一点的。但是，假如你真的想了解你的夫人，就最好由爱她开始做起，并且让她知道你爱她。否则，婚姻对你们双方都不是什么好事。

8. 不要用沉默折磨妻子

一个农妇表达了自己对这种沉默的愤怒，虽然有一些夸张，但是的确很能说明问题。她和大多数有工作的女人一样，每天除了自己的工作之外，还必须给家里人做饭。有一天，晚餐的时间到了，她却把一大堆草放在饭桌上。丈夫对这样的行为感到十分不解，问她是不是发疯了。这位农妇回答说：“我还以为你不知道自己吃的是什么呢！我做了20年的饭，你一次也没有告诉我你吃的不是草而是饭。”

沙皇俄国时代的那些上层人物，都很明白这个道理。每当他们品尝了美味的食物之后，他们一定不会忘记对做出这些美味的厨师表示感谢和赞赏。遗憾的是，那些每餐都吃着妻子做的可口饭菜的男人们，却并不像这些上层人物那样有礼貌。他们似乎都认为自己应该得到这些东西，所以并没有在品尝食物的时候，告诉妻子他吃的不是草！

我的一个作家朋友就是这样的。他有一天找到我，向我说起他家中的烦恼。他像苏格拉底一样把他的妻子说成是一个难得一见的泼妇，并且说她似乎喜怒无常，太难伺候。

“她的工作并不十分辛苦，”我的这位朋友说，“但是一回到家她却经常唉声叹气。她最喜欢无理取闹，常常莫名其妙地就大吵大闹起来。我并没有跟她争吵，但是家中却永无宁日。”

的确，这位作家生性安静，而且喜欢沉默寡言，他更擅长的是写作，而不是说话。我建议他说：“你试着多陪她说说话，也许她所做的一切都只是想要你多说几句话而已。”

一个星期以后，这个朋友又来见我了，他高兴地对我说：“的确如此。我现在经常赞美她，对她嘘寒问暖。她的脾气原来还是很好的。”

在很多情况下，男人所忽视的东西往往是女人重视的东西，如一句问候、一句关心，或者一句表达爱意的话——这本来是无关紧要的东西，但是却往往能够使女人高兴起来。既然如此，为什么还要用沉默来折磨女人呢？

法国伟大的小说家巴尔扎克曾这样写道：“大多数已婚男人都会让我想起那些‘想拉小提琴的大猩猩’。”假如我们将婚姻当成男女双方都需了解的事，那么我们就可以了解婚姻，那些已婚男人就不会再像大猩猩，而是应该像著名小提琴家弗瑞斯·克莱斯勒了。

“家”自古以来就一直是人类的基本单位，它不仅能让人保持对未来的希望，维持目前的现实，还能保卫、滋养和教导人类。家，其实就是一座神圣的城堡。

为什么只有男人才能承担起保护家庭的重要担子呢？虽然女人待在家里的时间比男人多，但这并不等于男人就不需要家。家不仅仅是一个物质概念，它还包括温暖、分享、欢笑、眼泪、幸福和忧伤等诸多精神方面的含义，而且正是这些精神含义为家增添了丰富的意义和价值。显然，只靠女人是无法创造这一切的，它是男女双方共同携手、努力创造的结果。所以，我真诚地告诫男人，要给女人一个机会，好好思考自己该如何扮演“丈夫”和

"父亲"这个特殊的双重角色，将自己创造成功事业的才智和精力适当地分给家人一部分。"婚姻是我们个人是否成熟的最好试金石，"国际婚姻指导委员会主席、德鲁大学人际关系教授大卫·R. 梅斯写道，"如果你不想关心别人，任何人都可以单独生活。但是，你若想和另外一个人亲密地共同生活，就必须具备关心他人的能力……这是一个人成熟与否的标志。婚姻有两种结果，或者让我们变得成熟，或者让我们承受不成熟所结出的苦果。"

不会爱女人的男人不是好男人：

（1）婚姻并不是坟墓，如果你愿意的话，你可以使婚姻变成天堂，关键在于你怎么去做。

（2）把男人在婚前追求妻子的激情拿出来，不要对婚后的生活感到厌倦。

（3）多说些甜言蜜语，这样做不会有坏处。如果你真心爱你的妻子，就要把它说出来，而不是埋在心里。

技巧二：女人持家有道的艺术

卡耐基的忠告：要学会适应男人的心情，这是女人赢得男人青睐的最好办法。

婚姻对于大多数男人来说都是望而生畏的，但是英国伟大的政治家狄斯累利却说："我一生或许会犯许多错误，但我永远在打算为爱情而结婚。"他在35岁以前真的没有结婚。后来，他向一位有钱的、头发苍白且比他大15岁的寡妇求婚。也许我们都会问，他们之间存在爱情吗？她知道他不爱她，知道他为她的金钱而娶她！所以她只要求一件事：请他等一年，给她一个机会研究他的品格。一年快到了，她与他结了婚。

这故事听起来有些好笑，也够矛盾的，狄斯累利的婚姻，是在所有破坏了的、玷污了的婚姻史中一个最充满生气的婚姻。他所选择的有钱寡妇既不年轻，也不美貌，更不聪敏。她说话时常发生文字或历史的错误，令人发笑。例如，她永不知道希腊人和罗马人哪一个在先，她对服装的兴味古怪，她对房屋装饰的兴味奇异。但她是一个天才，一个确实的天才，在婚姻中最重要的事情——处置男人的艺术上。

她没有用她的智力与狄斯累利对抗。当他一整个下午与机智的公爵夫人们钩心斗角地谈得精疲力竭以后回家时，她的轻松闲谈使狄斯累利日增愉快。家成为他获得心神安宁，并沐浴于她的敬爱的温存中的地方。这段时光是狄斯累利与这位年长的夫人在家所过的时间，也是他一生最快乐的时间。她是他的伴侣、他的亲信、他的顾问。每天晚上他由众议院匆匆回来，告诉她日间的新闻。而这是重要的——无论他从事什么，她简直不相信他会失败的。

30年来，她为狄斯累利而生活，她尊重自己的财产，因为那能使他的生活更加安逸。反过来说她是他的女英雄，在她死后他才成为伯爵；但在狄斯累利还是一个平民时，狄斯累利就劝说维多利亚女王擢升她为贵族。所以，在1868年，她被封为毕根菲尔特女爵。

无论她在公众场所显示出什么意识，或没有思想，狄斯累利永不批评她，他从未说出一句责备她的话；而且，如果有人敢讥笑她，他即刻起来猛烈忠诚地护卫她。这个年长的夫人不是完美的，但30年来，她从未厌倦谈论她的丈夫，称赞他。结果呢？“我们已经结婚30年了，”狄斯累利说，“她从来没有使我厌倦过。”

“谢谢他的恩爱，”她习以为常地告诉他与她的朋友们，“我的一生简直是一幕很长的快乐剧。”在他俩之间有一句笑话。“你知道的，”狄斯累利会说，“无论怎样，我不过为了你的钱才同你结婚。”妻子笑着回答说：“是的，但如果你再重选择一次，你就要为爱情而与我结婚了，是不是？”而他承认那是对的。

这个世界上有一半人是男性，所以如何与男人相处，成为每个女人都要面临的问题。既然男人和女人之间存在差异，我们也不得不接受这个事实，那么作为女人，多考虑一下如何与男人相处应该不是一件坏事。

男人希望女人能为他做什么事呢？当然是舒适！二战结束时，那些继续留在军中服役的男人曾接受过一次问卷调查，其中有一个问题问：“你希望婚姻生活给你带来什么？”几乎所有人都给出了同样的答案——既不是令人心荡神摇的富有女性魅力的女人，也不是刺激，更不是兴奋，而是普通意义的舒适！

这个答案也许会让那些盲目迷信化妆品和香水广告的小姐们失望透顶。但是，既然男人只需要舒适，为什么不给他们舒适呢？一些参加了某项课程的女士们，根据她们与男人在一起的经历，经过讨论之后，总结出以下几条行之有效的规则，这些规则完全可以作为女人如何与男人相处的有效法则。

1. 保持一个好性情

任何女人如果想和男人愉快地相处的话，那么无论这个男人是她的丈夫、她的老板、水电工，还是她只有3个月的儿子，她都应该多注意自己的性情，而不必刻意注重自己的过失，因为男人们情愿在愉快的气氛中吃罐装的青豆，也不会乐意面对一个满脸愁容、唠叨不休的女人吃牛排。家庭问题专家陶乐丝·迪克斯曾说过：“男人选择女人的第一个要求，就是女人要有一个好性情。”

我曾雇用过一个速记打字的女职员，如果仅从职业技能来看，她不能算合格——她的拼写很差，打字的速度又慢，而且经常会出错误。但是她却能一直保住她的工作，甚至干到结婚和退休，这完全得益于她那快乐天使般的性情。她不害怕别人的牢骚、抱怨和批评，就像是办公室里的阳光一样令人感到温暖。只要有她在，即使她不做任何事情，你也会觉得应该给她付薪水。我不知道她做饭的手艺是否比速记打字的能力强，但是我经常见到她和她丈夫在一起；而且每当他看着她时，脸上总是光彩四溢——显然，他并不在意她能不能做一手好饭菜。

2. 做个体贴入微的女性

美国高尔夫球公开赛冠军杰克·弗里克曾为纽约《世界电报》撰写文章，介绍了他如何克服不利局面、获得依阿华州达文波特两个市立高尔夫球场特许经营权的经过。

当时，摆在杰克面前的是一项艰巨的任务，他既要保住特许经营权，又不能放松比赛训练。幸运的是，他娶了芝加哥的丽·伯恩斯泰做妻子，她给他带来了好运气。丽成了杰克的事业帮手，这使得他可以专心练习球技了。

后来，也就是1952年，杰克一家开始奔赴全国各地。丽负责照顾13个月大的儿子克累罗，而杰克则参加巡回公开赛。杰克说：“我从来都不让丽跟我进赛场。你们没有见过邮差带着妻子去送信的吧？”这个妻子虽然没有积极参与杰克·弗里克挚爱的球赛事业，但是她总留在他附近，使他没有了后顾之忧。像丽这样的女人，才是男人真正的好伴侣。

一个体贴的女性是男人坚强的精神后盾，是男人得力的助手，也是保证男人成功的动力。弗洛伦斯·梅纳德住在纽约州北部的一个小镇，她是一个普通的家庭主妇。在过去16年的婚姻生活中，她只会做一些家务，所以她总觉得自己的生活似乎缺少了什么东西。后来，她终于知道那是伴侣的亲情。然而，梅纳德夫妇的共同兴趣和爱好实在是太少了，梅纳德夫人开始采取行动，以改变这种状况。

“我丈夫的一项主要爱好就是职业曲棍球，”梅纳德夫人说，“所以，我首先要培养自己这方面的兴趣。当我对曲棍球的知识十分精通之后，我对这项运动也有了很浓的兴趣。我和我丈夫怀着同样的热情去观看曲棍球比赛，还记下了电视转播曲棍球比赛的时间。从此，我不仅喜欢上了这项令人感兴趣的运动，而且还发现自己有事情可做了。我从中所得到的，不仅仅是陪丈夫欣赏这项运动的乐趣，而且还包括充实的生活——我再也不会一个人无聊地坐在家里无事可做了……除了曲棍球之外，我现在又找到了一些新的兴趣，我又可以和我丈夫一同分享更多的乐趣了。”

3. 做一个善于倾听的女性

几乎所有男人都认为女人的话太多，他们这话的意思是指女人抢走了他们说话的机会。许多女人错误地认为，听男人说话就是默不做声地坐在那里，耐心地听男人说个没完。其实，听人说话也要表现出积极的态度，如果你是一个善于倾听的人，就会在适当的时刻加入到谈话当中去。

如何才是善于倾听呢？请记住这几点：

（1）倾听别人谈话，首先要集中精力；眼睛不能飘移不定，或神色紧张、坐立不安。如果你真的能集中思想，或许还能学到许多东西。

（2）倾听别人谈话的时候，表情要尽量放松，而且要随着对方所讲的内容有所变化。一个面无表情的听众，是最让说话的人觉得扫兴的。对于舞台导演来说，最困难的工作就是训练演员如何表演好倾听其他演员说话的形象。如果你想成为一个令人满意的听众，就努力训练自己吧。

（3）成功的倾听还需要集中心思和积极配合。以前曾有人戏称，一个女孩子如果想赢得男人的欢心，只需要在他介绍自己某次成功的生意时，目光专注地看着他，并适时地插上一句“你真是太棒了！天啊，你简直是个天才”之类的话就足够了。她表现得越笨拙，他就越喜欢她。

不过，现在这种情况有了些许变化：许多女孩子也能在生活中取得成功，她们觉得很难完成从精明的女强人向愚蠢的小女孩角色的转变；而男人们也比以前精明多了，他们能分辨得出谁是真正懂得倾听的女孩，谁又是故意装傻吹捧奉承他的女孩。因此请记住，当一个男人真正需要一个女孩听他说话，而你又想赢得这个男人的心，并希望影响他时，就不要再玩“假装倾听”那一套老把戏。这时，最好的沟通办法就是不时地问他一个问题，以表明你正在听他说话，而且想知道一些更详细的情况；有时候，你还可以偶尔提出你的不同见解。如果你支持他的说法，并且在某方面颇有经验的话，就不妨在他停下来的间隙提出来，但是注意一定要简洁，然后再将主导谈话的权利交给他。

像这样的倾听，就不是单调的独白，而是一种积极的双向沟通。然而，大多数人都不是理想的听众，因为他们不了解沟通的规则。不过这些都是能通过练习加以改进的。女人一旦掌握了倾听的艺术，就会与男人相处得更加愉快，进而与其他人相处得更融洽，而这也将会促进女人的成熟——这正是获得成熟的途径之一。

4. 配合好丈夫的行动

我们经常会在家庭中看到类似的情景发生。

“今晚我们请吉米和玛贝尔来家里吧，我们有很长时间没见到吉米了。”一家之主的丈夫说。

“好的，”妻子回答说，“但是，最好也请海伦和汤姆来，因为最近我们已经去他们家做过两次客了。”接下来，她又会补充道，“噢，天啊——海伦的妹妹在她那儿住，我们还得再找一个男宾来陪她。你去熟食店多买些啤酒和乳酪脆饼。我负责打电话，然后化妆换衣服，再收拾收拾房间。我换衣服的时候，你最好用吸尘器清理一下地毯。”

结果呢，丈夫真希望当初自己没开口。他原本只想安静地陪一两个朋友聊聊天，没想到却招来了一屋子的客人。不要觉得这是一件很搞笑的事情，相反，这正是男人为什么会讨厌女人的原因所在。她们始终不能理解男人的心情，不能配合好丈夫的行动，而经常自作主张地要做一个策划者和指挥者。

不知道你们是否发现，女人一般都不会因为一时的兴起而去做某件事情，除非是为了给自己买一顶帽子——这一点是男人无论如何都弄不明白的。他不明白的事情还有，例如女人去看一场戏为什么要花几个星期的时间做准备，或者当他临时提议去乡下过周末时，女人为什么会说没有合适的衣服，等到下个周末再说，以及好让她有机会通知送奶工人……

不错，男人的一时兴起有时的确会让那些喜欢按计划办事的女人厌烦。我就认识一个非常快乐的妻子，她嫁给了一个喜欢度短假的丈夫。丈夫经常是在看过一份旅游广告之后，就给妻子打电话说："收拾好行李，亲爱的！明天早上我们去洛杉矶。"这时，早已习惯的夫人会很快收拾好放了泳装的手提箱，请邻居帮忙照顾她的小鹦鹉，然后将所有的约会推掉，等着第二天早上上船。她还会说："这没什么大不了的。任何一个女人，只要稍加训练，都可以做到的。"

我知道他们的婚姻是很幸福的，这都得益于这位朋友的妻子。要学会适应男人的心情，这是女人赢得男人青睐的最好办法。当男人突然产生一个想法时，他喜欢立即付诸实施！假如女人不能适应男人的这种冲动，无疑会令他们感到气愤。只有很早就学会适应男人情绪的女孩，才能在与男人相处的道路上迈出成功的一步。

不会疼爱丈夫的女人是失败的女人：

（1）找到合适的话题进行交谈。要尽量找对方感兴趣的话题，而不是你喜欢讨论的话题。

（2）许多做妻子的不断地一点一点地挖掘，造成她们自己婚姻的坟墓。

（3）对许多妇女来说恋爱与感受到爱远比性交更重要。

技巧三：爱他，不要责备他

卡耐基的忠告： 我们都不要批评责备别人，而要尝试着去了解他们，尤其对于我们的家人来说更是如此。

关于婚姻不幸的原因，美国第一权威专家迪克斯说："在所有婚姻中，有50%以上是不幸福的；许多充满浪漫色彩的梦想之所以破灭，其原因之一，就是那些毫无用处的、却令人心碎的批评。"

在这一方面，有两个人的做法值得我们学习。在国家公务生活中，狄斯累利最强有力的对手是格莱斯顿。他们两个人对于大英帝国每一件事情都有可能出现争辩，发生激烈的冲突。但是，他们有一个共同点，就是他们的私人生活都充满了幸福和快乐。

格莱斯顿和他的妻子共同生活了59年，差不多有60年时间，而且他们一直都互敬互爱。我喜欢想象这位英国历史上最值得尊敬的首相：格莱斯顿握着他妻子的手，围绕火炉边的地毯跳舞、唱歌。

格莱斯顿在公开场合中是一位可敬畏的人物，但他在家里却永远都不批评别人。例如，当他到楼下吃早饭，而全家人却还在睡懒觉时，他就会以温和的方式来表达他的不满。他会提高声音，唱一首不知道名字的歌曲，使整个房屋都充满了神秘的歌声，以此来提醒他的家人：全英国最忙的人，独自一人在楼下等着吃早餐。他总是保持外交家的风度，能够体谅别人，并竭力自我克制，不在家里批评任何人和事。

俄国女皇叶卡特琳娜二世也经常如此。叶卡特琳娜曾统治着历史上最大的帝国之一，掌握了千百万臣子百姓的生杀大权。就政治而言，她是一个暴君，她发动过毫无意义的战争，对她的仇敌判处死刑。但是，如果她的厨师把肉给烤焦了，她却什么也不说，而是微笑着吃下去。她这种宽容大度的做法，对一般的丈夫来说，都值得好好学习。

在家庭中存在着很多错误的行为，就正如许多父母动不动就批评他们的孩子一样。对此你一定以为我会说“不要批评”。但我并不想这么说，而是说“在你批评孩子之前，请先读一读《不体贴的父亲》这篇美国典型的新闻教育文章”。这篇文章最初发表在《家庭纪事》的社论栏。经过作者同意，我按照《读者文摘》的节写版，将这篇文章放在下面。

《不体贴的父亲》是篇小短文，虽然是作者利文斯登·劳拉德在一时的内心冲动之下写出来的，但它却仍旧打动了许多读者，以至于成为众人都喜欢的一再被转载的文章。也许正如作者所说的那样：“全美国成百上千家报纸杂志都刊登过它，在国外也差不多如此。我自己也允许过上千万人，在学校、教堂和演讲台上宣读这篇文章。它还被电视和收音机转播或广播过无数次。令人感到奇怪的是，不仅大学的刊物转载它，连中学刊物也转载。有时，一篇小文章竟能够深深地引起人们的共鸣。这篇文章确实就产生了这样的效果。”

不体贴的父亲

我的儿子，你听到了吗，我想在你熟睡的时候说几句。

你躺在床上，小手按在脸颊上，湿湿的金黄色卷发粘在你那出了些许汗水的额头上。我刚才一个人悄悄地走进你的房间。当我几分钟以前在书房读报时，我突然感到十分懊悔，难以呼吸。我是怀着愧疚之心来到你床边的。

我的儿子，我想到了许许多多的事情：我对你的态度确实太凶了。在你穿衣服上学的时候我会呵斥你，因为你只是用毛巾随便擦了把脸；在你没有擦干净鞋子的时候我也会对你大发雷霆；当你把东西丢在地板上时，我又会冲着你大喊大叫。

在早餐时，我又发现了你的毛病：你把食物溅在了桌上，吃饭时没有一点修养，还把肘放在桌子上，甚至在面包上涂了厚厚的一层黄油。当你出门去玩，而我要去赶火车的时候，你转身朝我挥挥手，响亮地说："爸爸再见！"可是我却皱着眉头告诉你："挺起胸膛！"

晚上，一切又重新开始。我在路上就看见你跪在地上打弹珠，你的长筒袜子磨出了好几个洞。我当着你的伙伴押你回家，让你感到了羞辱。我还对你说："袜子是要花钱买的，如果你自己掏钱，我想你会在意了。"唉，我这当父亲的居然对你说出这种话来！

你还记得吗？没过多久，当我在书房读报时，你小心地走进来，怯怯地看着我，眼睛里带着委屈的样子。我从报纸的上面看到了你，对你来打搅我感到十分不悦。只见你站在门口，有些犹豫。

"你想干什么？"我恶狠狠地说。

你什么也没说，只是突然朝我跑过来，以上帝也为之感动的爱，搂住我的脖子亲吻着我，然后又用小手紧紧地抱了我一下。之后你离开了，快步走向楼梯上楼了。

在你离开不久，我的儿子，我的报纸从手中滑落在地，一阵令人难受的强烈愧疚涌上了我的心头。我真是受习惯之害匪浅——吹毛求疵并且动不动就斥责，这就是我对你这个小男孩的报偿！我不是不爱你，我的儿子，这是我对你的期望太高了，并以我自己的年龄标准来要求你。

然而，在你的天性中却充满着真、善、美。你那颗幼小的心灵就好像包含并照亮了群山的清晨的阳光——你跑进来亲吻我，向我道晚安的内在冲动表明了这一切。其他都不重要了！我的儿子，我在黑暗中来到你的床边，内心充满愧疚地跪在这里。

我这不过是一种没什么作用的忏悔。我知道，当我在你醒来的时候告诉你这些时，你也不会明白。但是我要从明天开始做一个真正的父亲。我要成为你的好伙伴，在你痛苦时我帮你分担，在你欢笑时我和你共同分享。我不会再说那些不耐烦的话，我会不停地、庄重地说："他只是个孩子——一个小男孩！”

我想我以前是将你当大人来对待的。但是，我的儿子，当我现在看到你蜷缩着睡在你的小床上时，你仍然是个婴儿。你在母亲的怀里，头靠在她肩上，那些情景犹如发生在昨天。我以前对你太苛刻了，太苛刻了！

我们都不要批评责备别人，而要尝试着去了解他们，尤其对于我们的家人来说更是如此。我们要试着明白他们为什么会那样做。这比批评有益处，也更有意义得多。正如詹森博士所说的那样："先生，不到世界末日，上帝都不会审判世人。"

请把"责备"扫出家门：

（1）要维持家庭生活的幸福快乐，请不要批评。

（2）许多罗曼蒂克的梦想破灭了，原因之一就是毫无用处却令人心碎的批评。

技巧四：爱她，用心赞美她

卡耐基的忠告：一个会说话的人要比相貌或者其他方面的才能重要得多，这是家庭和睦、人际关系和谐应该具备的一项非常重要的能力。

洛杉矶家庭关系研究所所长保罗·鲍比罗曾说过这样的话："大多数男子在寻找对象的时候，不是找一位能干的高级职员，而是想找一位既迷人，又可以满足他的虚荣心，并使他感觉超人一等的人。所以，某位公司或机构的女主管可能会有人来邀请她吃饭，但也只有一次。她很可能会把她在大学所学的《现代哲学主要思潮》拿出来作为话题，甚至还要坚持付自己那份餐费。可是结果呢？从此以后，她就只能一个人吃饭了。相反，那些没有上过大学的打字员小姐却大不相同。当她被人邀请共进午餐的时候，她会用热情的眼光注视着她身边的男子，话语中带着无限深情：'能不能把你的情况多告诉我一些？'结果这个男人会告诉别人'她并不是很漂亮，但我从来都没有遇到比她更会说话的人'。"

可见，一个会说话的人要比相貌或者其他方面的才能重要得多，这是家庭和睦、人际关系和谐应该具备的一项非常重要的能力。

对于女性在追求美丽方面所花的时间和心思，男人应该表示赞赏。所有的男人常常会忘记——尽管他们也知道这点——女人非常在意自己的衣着打扮。例如，一个男人和一个女人在大街上遇到另一个男人和一个女人时，这女人很少会注意对面那个男人，而是通常会注意另一个女人的衣着服饰。

几年前，我的祖母在98岁高龄时离开了人世。就在她去世前不久，我们把一张她在三十多年以前所照的照片给她看。尽管她的眼神已经不太好，看不清楚照片，但她问的唯一的问题是："我那时候穿的什么衣服？"

请想想！一位风烛残年的老太太，久病在床，年事已高，近一个世纪的时光将她的一切精力几乎耗尽，记忆力甚至衰退到连自己的女儿也认不出来，可是还想知道她在三十多年前穿的是什么衣服！她问这个问题的时候，我正好在她的病榻旁边。这件事给我留下了难以磨灭的深刻印象。

这本书的男性读者，不会记得他在5年前穿的是什么衣服，而且他们也根本没有心思去记住这些事。但是对于女人来说，可就不同了——我们男人应该注意到这一点。在法国，上层社会的男人在这方面就做得很好，他们不但对女人的衣服帽子表示赞美，而且一个晚上还不止一次，而是好多次。5000万的法国男人都在这么做，其中自有道理。

从前，莫斯科和圣彼得堡那些养尊处优的上层人物，在这方面很有教养。在沙皇俄国时代，上层社会有一种习惯，就是当他们享受了一顿美味佳肴之后，一定会请来厨师，当面褒奖他们。

为什么不这样对待你的妻子呢？下次，当她的鸡排做得非常脆嫩可口时，你就要这样告诉她，让她知道你非常欣赏她的手艺——你不是在吃草。或者，正如得克萨斯·吉恩经常说的："大大地夸奖那个小女人。"

如果你想这样做的话，就不妨让她知道，她对于你的幸福和快乐是何等的重要。狄斯累利是英国最伟大的政治家，但是正如刚才我所介绍的，即使面对全世界的人，他也会毫不害羞地承认"非常感激那位小女人"。

有一天，我在看一本杂志时，看到一段采访艾迪·康德的文字。

"我从我妻子那里得到了许多帮助，"艾迪·康德说，"比从世界上任何其他人那里得到的都要多。在我年轻的时候，她是我最好的朋友，帮助我向前努力进取。我们结婚之后，她省下每一个美元，拿去投资、再投资。她为我积累了一大笔资产。我们有5个可爱的孩子，她为我建造了一个温暖舒适的家。假如说我有所成就的话，全都归功于她。”

在好莱坞，婚姻就是一件冒险的事，即使伦敦的路易保险公司也不敢承接其保险。但是华纳·巴斯特的婚姻，却是少数几个特别幸福的婚姻中的一个。

巴斯特夫人婚前的名字是威尼费·布莱逊，她放弃了正大红大紫的艺术表演生涯，和巴斯特结了婚。但是，她从来不以她的这种牺牲来破坏他们的婚姻幸福。“她失去了在舞台上成功表演的机会，”华纳·巴斯特说，“但我已经尽了自己最大的努力，使她知道我对她的赞赏，并由此得到满足。如果一个女人要从她丈夫那里得到幸福和快乐，那一定要出自他的真心赞赏和真诚热爱。如果这种赞赏和热爱都是发自内心的，那么他也会从中得到爱与幸福。”

用甜言蜜语创造完美的幸福：

（1）将爱贯穿于整个婚姻过程中。

（2）已婚夫妇也需要交谈，虽然情感的交流是多渠道的，但语言交流是到什么时候也淘汰不了的。

（3）快乐的婚姻，很少是机会的产物，它们如建筑物似的，必须有理智地用心去设计。

技巧五：强势的态度不会使人屈服

卡耐基的忠告：冲突是由不同的意见、不同的观察角度甚至不同的解决办法所引起的，而拥有亲密关系的夫妻也自然会存在这方面的问题。

在婚姻的殿堂上，我们听到了那熟悉的婚礼仪式用语："从此以后，不论更好或更坏、贫穷或富有、疾病或健康，你们都会彼此相爱，一直到死亡的那一天。"然而，在此后的生活中，我们却发现这种誓言并不可信。我们知道了，即使在我写下这些文字的这一刻，也有无数的家庭正在争吵，有无数的男女正在伤心。如果我们把视野放得更加宽广的话，可以把我们的观察结果变成一句话：有人的地方就有矛盾和冲突——家庭自然也不会例外。

虽然这个结果可能听起来让人有些沮丧，但是却大可不必如此。能够和和气气、相亲相爱当然好，但是即便有一些冲突，也会使我们的婚姻生活变得更加有意思。冲突是由不同的意见、不同的观察角度甚至不同的解决办法所引起的，而拥有亲密关系的夫妻也自然会存在这方面的问题。

也许你觉得你的妻子不化妆的话看上去可能会更加舒服，你想让她接受你的观点，但不幸的是，她坚持认为自己化妆后更加动人，甚至认为不化妆就会感觉不自信，结果两个人争论不休。当这样的家庭冲突产生的时候，我们会想办法去处理，同时，我们总是希望两个人都对这个处理结果满意，从这一点来看，关于化妆这个问题，上面一开始的解决办法是不恰当的。面对生活中这些不可避免的冲突，我们应该如何解决呢？

我所提倡的方法是，你不能用强迫的语言去说服对方或者命令对方做任何事情，就像我前面所提到的那样，因为这样做的结果只会对你们不利。

我想很多人都听过这个古老的故事。风因为想证明自己比太阳强大，于是对太阳说："我比你强大多了，这一点我可以轻易地证明给你看——我能很快地脱去那个人的衣服。"风让太阳躲起来，自己开始施展威力。但是，风刮得越大，那人把自己的衣服裹得越紧。

最后，风不得不放弃了它的努力。这时，太阳从乌云后面出来，晒得人身上暖洋洋的。那人开始出汗了，于是把外套脱了下来。

太阳对风说："友善的力量，永远都比强迫的力量更加强大。"

确实，强迫经常不能达到目的。有一句古话说，你无法用一把枪去套住一个男人。当然，这样说可能有些片面，因为你也无法用一把枪套住一个女人。它的意思是，你不能强迫你的妻子或丈夫去做什么事情。如果你不在乎什么影响，比如给你们的家庭带来裂痕，那么我无话可说。

不久前，我跟一位大企业的总裁单独进行了一次交谈。他是一位年轻的成功人士，因为工作十分出色，他的相片经常出现在美国各大报纸显要的版面上。一开始交谈的时候，他一直非常兴奋，但是当我们谈到他那位美丽的妻子的时候，他却开始愁眉苦脸、唉声叹气。

"唉！"这位总裁先生说道，"我的妻子总是不理解我。我给了她需要的一切东西，希望她能够变得更加有教养和有素质，但是她非但不感激我，还好像对我的行为十分不满。"

"你是怎么做的呢？"我问他。

"哦，"总裁回答道，"我想送她去纽约大学念书——我认为这是她急需做的事情。我打算送她去那里读一年书，然后跟我一起管理公司。"

据我了解，他本人受教育程度很高，精通企业管理的知识，更加重要的是，他对这项工作十分感兴趣。但是我并不知道他是否确定他的妻子也跟他一样对企业管理有很浓的兴趣。我向他问起了这个问题。

“毫无疑问，”这位先生非常肯定地说，“她既然跟我结了婚，并且和我一起生活了将近5年，她怎么会对这些不感兴趣呢？”

我虽然并不能肯定他的判断是错的，但是我知道，他的妻子之所以对他的决定不满意，一定会有兴趣方面的原因。和大多数人一样，这位先生也犯了一个十分容易犯的错误，那就是他仅仅依据对方是他的妻子这个事实，就判定他们有着相同的兴趣和爱好。

因此，他是在强迫他的妻子接受他的建议——这时候似乎变成了一种命令。如果用我以前提到过的道理来分析的话，即使他的妻子原来想听从他，但是当她发现自己是在被命令之后，她也会无意识地产生一种反抗的心理。

这样的道理不一定只有心理学家或婚姻专家才知道。那些过着幸福生活的人们都懂得这样的道理，他们从不对自己的妻子或丈夫使用强迫性的语言。他们从不说“你应该怎么做”或者“你不应该这么想”，而是用更加巧妙的方式表达自己的观点。

强迫性的语言似乎无时无刻不在上演。大多数人都对他的顾客小心翼翼，生怕说错一个字，但是面对妻子的时候却大吼大叫，像一个暴君一样。他们总是习惯于指使自己亲密的爱人怎么去做事、怎么去说话。无怪乎迪克斯说：“说伤人的话最多的，就是我们的家人，这的确让人吃惊。”奥利弗·哈姆斯在他的《早餐的独裁者》一书中描述的就是这样一种情境。但是哈姆斯本人却并不这样，他从不让妻子看自己的脸色，即便心情不好，他也不迁怒于人。

桃乐斯·迪克斯曾经评论说，有半数以上的婚姻都是失败的。依她看来，婚姻失败的很大一部分原因都与强迫性的语言有关。她提出疑问说：

“让太太们感到疑惑不解的是，既然他们完全可以采用温和的手段取代强迫，为什么他们不能够更加温婉地对待太太们呢？”

“男人明明知道，奉承可以使太太不顾一切地去做任何事情。他知道，只要称赞太太管家有方，她就会把自己的最后一分钱都贴补家用；他知道，只要赞美太太穿上去年买的过时的衣服非常漂亮，她就不会去想巴黎的高级时装，他知道，他的亲吻能够让太太宁愿自己的眼睛变瞎、喉咙变哑。这一切方法，太太已经毫无保留地告诉他了，可是他为什么却好像一点儿都不知道呢？”

身为男人，我可以肯定地告诉妻子们，这些方法同样适应于她们。因此，为了家庭的幸福，所有人都应该放弃使用强迫性的语言，因为我们都知道，这种强势的态度永远不会让对方屈服的。

低头，是因为爱：

（1）尊重对方，这是你能够做到不使用强迫性语言的重要前提之一。

（2）在丈夫和妻子之间，没有人是处于领导地位的。

（3）不要认为你们的冲突是绝对的，实际上，就没有绝对的冲突，关键是解决冲突的方法要恰当。

（4）不要为无谓的小事而大发脾气，不一定非要在小事上争出胜负，这绝对是毫无意义的行为。

技巧六：不要轻言离婚

卡耐基的忠告：所有有威力的话如果变成了一句玩笑，就跟“你好”这样的词语一样平常，也就失去了它原来的意义。

在所有的、形形色色的夫妻之间的矛盾和冲突之中，只有离婚这个要求显得比较过分，而且比较棘手。“我们离婚吧”这句话没有人喜欢听，当然也没有人乐意把它说出来。可以说——如果不怕过于偏激的话，听到这个词的时候，人们就会像一个被告被法庭宣判了死刑一样感到害怕，我所说的恐怕大多数人都会同意。

但是，我需要你们注意，我所指的是庄重的宣告，而不是那种开玩笑的话。因为所有有威力的话如果变成了一句玩笑，就跟“你好”这样的词语一样平常，也就失去了它原来的意义。遗憾的是，好像有不少人经常拿它来开玩笑，至少并不是以严肃的态度来对待它。

当然，一般的人还是不会经常用它来开玩笑的，这个敏感的词还是很少有傻瓜去碰的。但是据我观察，最近越来越多的丈夫或妻子对他们的配偶滥用了这句话，他们动不动就会以离婚威胁对方，以达到改变对方或者使对方听自己摆布的目的。他们天真地以为，所有事情都可以用这种有攻击力的谈话来解决。

许多在口头上说离婚的人经常这么想：“如果他爱我，他会愿意为我改变的。”他们期望这种有分量的条件能够换来对方的改变，而如果对方在这种情况下都不能改变，那么他们就会把这张支票兑现——采取行动，也就是离婚。他们把离婚当成了婚姻的“试金石”。不幸的是，这样的试金石往往并不灵验，非但没有收到应有的效果，却真把婚姻葬送进去。

最近，卡耐基口才训练班的一个学员维萨收到了这样一封信，信是跟他结婚已10年的妻子写来的。

“我之所以给你写这封信，是因为我讲的话你已经听不进去了。事实上，我已经警告过你很多次，我打算跟你离婚，但是你好像以为这只是我在威胁你或者强迫你。现在，我必须说，除非你能够拿出点儿行动来，否则我将马上将它变成事实。”

维萨在我看这封信的时候十分紧张，但是当我看完之后，他仍旧问我：“卡耐基先生，你认为我妻子说的会是真的吗？”

我为这样的问题所困，感到难以回答他，因为答案只有他自己能够给出。当一封措辞这样激烈的信出现在他的面前，他居然还怀疑是不是真的。出现这种情况可以有两个解释：一个是维萨愚蠢至极——这一点，我可以非常有把握地予以否认；第二个就是确实如信中所言，他的妻子已经过多地用这个方法对他进行威胁了，从而让他仍旧以为这只是威胁而已。

果然，在接下来的谈话中，我了解到，维萨的妻子已经数次用严肃的语气对他说：“如果你还不改正，那么我将和你离婚。”这里需要一提的是，有好几次情况似乎比这次更加严重，那时候他以为妻子已经打定主意了。维萨对我说，他确实很想改正自己的缺点，但是他并不相信他的妻子会跟他离婚。

他每次都是带着将信将疑的态度去看待这样的警告的，但是这次的结果却出乎他的意料之外——他并没有像往常那样幸运。最后，他的妻子果真跟他离了婚。

维萨对此后悔不已。他像许多男人一样，抱怨妻子离开自己的时候毫无征兆，让他觉得太突然了。当妻子对他说要离婚之后，他以为这只是她的一种威胁而已，或者说，这只是她的一种策略。他每次都想，事情并没有糟糕到无法挽回的地步。

我并不想说这件事情的全部责任在于维萨的妻子，但是毫无疑问，她确实应该负很大一部分责任。“离婚”这个词过多地出现在她的口头上，于是就变成了仅仅是一种威胁。而我们应该知道，离婚应该是婚姻到了无法挽救的时候得出的结论性的东西，而绝不应该是一种条件。

许多人在说出“离婚”这个词的时候同时也会有“也许我们总会解决的”“他最终会改变的”“可能是我一时冲动”等一类的想法，他们其实并不想真正地采取行动，或者说他们并没有完全死心。他们说这话的时候的确很气愤，并且真的有这样的想法，但是随着时间的慢慢推移，这种想法会渐渐淡化、消失。这可能可以解释为什么说“离婚”在事实上成为了一种条件。

那么，当你没有确定无疑的把握的时候，不要把这个词说出来。离婚应该成为你的底线，而不是可以宽容的条件，也不是筹码。只有当婚姻处于完全破裂的时候，你才能说：“让我们离婚吧！”

丑话说三遍，一定会实现：

（1）如果你真的希望对方改变，用离婚相威胁并不是一个很好的办法。正相反，这种方法很愚蠢。

（2）当你说出“我们离婚吧”，还有一种可能：虽然这只是你随意说出的一句话，对方却当真了，这时候你后悔都来不及了。

（3）动不动就以离婚相威胁，只会让他觉得你不爱他，结果也只会弄巧成拙。

技巧七：切勿喋喋不休

卡耐基的忠告：在所有一切烈火中，地狱魔鬼所发明的狞恶的毁灭爱情的计划，喋喋不休是最致命的。

日本人针对婚姻生活不美满的原因进行了调查，结果发现丈夫对妻子不满的因素中，位居前三位的依次是：唠叨不休（27%）、性格不好（23%）、不懂得持家（14%）。也就是说，导致人们婚姻不美满的很大一部分原因是女士的唠叨不休。

拿破仑·彭纳派德是拿破仑三世的侄子，他与最美丽的女子郁金妮·德伯女伯爵相爱成婚。他的顾问们认为，她不过是一位不重要的西班牙伯爵的女儿。但拿破仑辩答说："那又怎么样？"她的优雅、她的青春、她的诱惑、她的美貌，使他充满了神仙般的幸福。"我已经喜欢了一位我所敬爱的女人，"他说道，"她不是一位我不了解的女人。"

拿破仑和他的新婚妻子拥有健康、财富、势力、名誉、美貌、爱情与信仰一切幸福的条件，但是，他们婚姻的圣火从未发出过更加光亮的炽热。而且没过多久，那炽热的圣火就熄灭了，直至化为灰烬。拿破仑可以使郁金妮成为皇后，可以倾尽美丽的法国的所有，或献出他爱情的全部力量，甚至他皇位的势力，但他无法做到一点：无法使他的女人——郁金妮·德伯停止喋喋不休。

出于忌妒和多疑，郁金妮轻慢他的命令，甚至不许他有秘密。正当他从事国政的时候，她闯入他的办公室，阻挠他最重要的讨论。她拒绝他独处，永远怕他与别的妇人交往。她常常到她姐姐家抱怨她的丈夫，抱怨、哭泣、喋喋不休，甚至恫吓，并强自进入他的书房，向他发作、谩骂。

拿破仑，这个法国的皇帝，纵然有许多富丽堂皇的宫殿，但却不能找到一个小橱，以让自己在那里定一下自己的心。郁金妮如此而为所造成的后果是什么？在莱因哈德精心著作的《拿破仑与郁金妮：一个帝国悲喜剧》中就有这段记载："以后拿破仑常在夜里，从一侧门偷偷地出去，戴一软帽，将眼遮起，由一亲信随从，真的前往等待他的美女那里去，或像古时似的遨游于这大城中，见些见不到的东西，吸些可能吸的空气。"

而这一切都是喋喋不休的郁金妮所造成的。她坐在法国的皇位上又是世界上最美丽的妇人；但在喋喋的气氛之中，皇位与美貌都不能保持爱情的存在。这是她自己找来的，可怜的妇人，由她的忌妒及唠叨所带来的。

在所有一切烈火中，地狱魔鬼所发明的狞恶的毁灭爱情的计划，喋喋不休是最致命的。它像毒蛇的毒汁一样，永远侵蚀着人们的生命。

托尔斯泰伯爵夫人也发现了这一点，可惜她知道得太迟了。在她去世以前，她对她的女儿们承认："你们父亲的死，是因为我的缘故。"她的女儿们都痛哭了起来。她们知道母亲说的是实话，知道她用不断的抱怨、永久的批评、不休的唠叨将父亲害死了。

但托尔斯泰伯爵及其夫人理应享受优越的环境而快乐。托尔斯泰著名的《战争与和平》和《安娜·卡列妮娜》在世界文学史上永远闪烁着光芒。他非常有名望，他的崇拜者甚至终日跟随他，将他所说的每句话都速记下来，甚至连"我想我要就寝"这样的话也一字不漏地记下。除名誉外，托尔斯泰与他的夫人还有财产，有地位，有孩子，没有别的婚姻比这更美满了。

起初，他们饱尝幸福的甜蜜，以至他们一同跪下，祈祷万能的上帝继续赐予他们所有的快乐。但是此后的不久，一件惊人的事情发生了，托尔斯泰渐渐地变成为两个完全不同的人。他对他所著的伟大著作觉得羞辱。从那时起，他专心著作小册子，宣传和平、停止战争与消灭贫穷。这位曾承认在青年时犯过各种罪恶的人，要真实遵从耶稣的教训。他将所有地产给了别人，过着贫苦的生活。他种田、砍木、堆草。他自己做鞋，自己扫屋，用木碗吃饭，并尽力爱他的仇敌。

托尔斯泰的人生是一个悲剧，而悲剧的原因，是他的婚姻。他的妻子喜欢奢侈，但他追求简朴；她渴求名誉与社会称赞，但这对他毫无意义；她贪图金钱与财产，但他视财富及财产是一种罪恶。多年的时间里，她常常责怪叫骂，因为托尔斯泰坚持要放弃他的书籍出版权，不收任何版税；而她要那些书能产生金钱。当他反对她，她就发狂地躺在地上打滚，并拿一瓶鸦片放在嘴边，声称要自杀，还恫吓要跳井。

在他们的人生中，有一件事是历史上最悲惨的一幕。在他们最初结婚的日子里，他们非常快乐；但48年以后，他不能忍受与她见面。有时晚上这位年老伤心的妻子，基于求情，跪在他的膝前，求他朗读几十年前他在日记中所写的关于她艳美的爱情之语。当读到那些他们已永远失去的美丽快乐的时光时，他俩都痛哭了。生活的现实与他们好久以前一并所做的爱情之梦是何等相异。

最后，82岁的托尔斯泰不能再忍受他家庭的不幸了，他在1910年10月的一个雪夜中，从他妻子那里逃了出去——在寒冷黑暗中漫无目的地走着。11天后，他患肺病死在一个车站里，他临死的请求是不要让她来到他的面前——这也许是托尔斯泰夫人因唠叨抱怨所付出的代价。

也许我们会想，或许她确实有许多可以嘀咕。我们可以这样去想，也可以承认这一点，但问题是，唠叨给了她什么好的帮助呢？“我想我真是神经失常。”那是托尔斯泰伯爵夫人后来对自己的评价。

在纽约家事法庭任职11年之久的海勃格，曾查阅过数千宗离婚案件。他说：“男人离家的一个主要的原因就是因为他们的妻子们喋喋不休。”也许婚姻正像《波士顿邮报》所说的："许多做妻子的，不断地一点一点地挖掘，造成她们自己婚姻的坟墓。"

林肯一生中最大的悲剧，也是他的婚姻。在婚后23年来的每一个白天和黑夜，林肯是什么处境呢？正像他律师事务所同事赫恩所说的，是"婚姻不幸的苦果"。

其实，说"婚姻不幸"还是过于轻描淡写了，因为林肯的夫人这20多年来一直在对他喋喋不休，让他难得安宁。她总是抱怨一切，总是批评自己的丈夫，认为他的一切都是不对的。他伛背缩肩、走路难看，抬脚放步简直呆板得像个印第安人。她数落他走路没有弹性，姿势不优雅。她会模仿他走路的样子来讥笑他，并纠正他走路时应先将脚尖着地，就像她从克莱星顿市孟德尔夫人的寄宿学校学到的那样。她还不喜欢他那两只大耳朵和他的头长成直角的模样；甚至告诉他，说他的鼻子不直，嘴唇前突，而且外表看上去像个痨病鬼，手和脚太大，而头却又太小，等等。

林肯和他的夫人几乎在每个方面都完全相反——教育、背景出身、性格、爱好以及思想观念上，全都是相反的。他们常常会厌恨对方。

"林肯夫人那高而尖锐的声音，"当代最著名的林肯研究权威专家、已故参议员阿尔伯特·贝弗里奇写道，"在街的对面都能听得见。她怒气最盛时的不停责骂声，所有邻居家都能听到。而且她的暴怒常常不只是通过言语来表达，她发泄暴怒的方式真是太多了，难以一一道清。"就列举一个他们生活中的一则案例来说。

林肯夫妇结婚不久，和欧莉夫人住在一起。欧莉夫人是斯普林菲尔德地区一个医生的遗孀，由于生活所迫而不得不出租房屋维生。一天早上，林肯夫妇正在吃早餐时，由于林肯可能做错了某件事，立即使他夫人暴跳如雷。究竟是为什么，现在已经没人记得了。只见林肯夫人在盛怒之下，将一杯热咖啡泼到了丈夫脸上，而当时还有许多房客在场。

林肯忍气吞声地呆坐在那里，一言不发。欧莉夫人进来后，用一块湿毛巾替他擦净了脸上和衣服上的咖啡。

林肯夫人的忌妒是如此的愚蠢和凶暴，以至于让人难以相信。我们只要读到她在公众场合所做的这些有失风度的事情——即使是在75年后的今天看到这些——也都会让人惊讶不已。最后她终于精神失常。对于她这个人，我们用一句最宽容的说法，只能认为她是“性情使然”，她大概一直受到精神病的折磨。

所有这些唠叨、斥责和发怒，是否改变了林肯呢？从某些方面来说，确实使林肯有所改变，那就是改变了他对她的态度，使他后悔自己婚姻的不幸，并竭力避免和她见面。每当星期六来到时，其他律师都会尽量赶回家中，和家人共度周末的美好时光。林肯却不想回去，他害怕回家。林肯就这样年复一年地生活。尽管乡村旅馆的条件非常恶劣，但林肯也情愿待在这里，而不愿回家面对他妻子那喋喋不休的话语。这就是林肯夫人、尤琴皇后、托尔斯泰伯爵夫人唠叨不休所获得的结果。她们给自己的生活所带来的，除了悲剧之外，什么也没有。她们毁坏了对她们来说最珍贵的一切。

真的，唠叨和挑剔带给家庭的不幸，甚至比奢侈和浪费还要厉害。关于这一点，你可以不必马上相信我的话，还是先听听专家的话吧。

莱伟斯·M.特曼博士是一位著名的心理学家，他对1500多对夫妇进行了详细的调查研究，结果显示，丈夫们都把唠叨、挑剔列为他们太太最大的缺点。盖洛普民意测验也得出了相同的结论：男人们都把唠叨、挑剔列为女性缺点的第一位。詹森性情分析——这是另外一个著名的科学研究——也发现没有其他的个性会像唠叨和挑剔那样，给家庭生活带来这么大的伤害。

然而，似乎从远古的穴居时代开始，太太们就想尽办法要用唠叨和挑剔的方式来影响自己的丈夫。但是从古至今，这种方法从没有发生过效用——除非太阳从西边出来。

一位老朋友告诉过我，他太太总是轻视和嘲笑他所做过的每一件工作，他的事业几乎要被他的太太毁掉了。刚开始的时候，他是一位推销员，他喜欢自己的产品，并且很热心地向人们推销这些东西。当他晚上回到家的时候，本来很希望得到太太的一些鼓励，但是他太太却用这些话来迎接他：“好啊，我们的大天才，今天的生意不错吧？你带回来不少佣金了吧？或是只带回来推销部经理的一番训话？我想你一定知道，下个星期我们就要付房租了吧？”

这种情况接连持续了好几年。虽然不时受到太太的嘲笑，这位男士还是坚持努力奋斗。现在，他已经在一家全国著名的公司担任执行副总裁的职务了。至于他那位太太呢？噢，他早就和她离婚了，又娶了一位年轻的、能够给他爱心和支持的女孩，而这正是他第一位妻子所不能给他的。

事实上，他的第一位太太并不知道自己为什么会失去丈夫。“我省吃俭用，吃了这么多年苦，”她告诉她的朋友，“结果，当他不再需要我为他做牛做马以后，他就离开我，去找比我更年轻的女人了。男人竟然会是这样！”

如果有人告诉这位女士，使她丈夫离开她的并不是另外一个女人，而是她自己的唠叨和挑剔，想必这位女士一定不会相信的。但这的确是她先生离开她的真正原因。她以一种轻视的方式来唠叨和挑剔，而这对于男人的自信心无疑是一种长期的打击和折磨，对于他男性的自尊是一种沉重的打击和折磨。

唠叨是一种疾病。诉苦、抱怨、攀比、轻视、嘲笑、喋喋不休——喜欢唠叨和挑剔的女人，在这些残酷的待人方式之中，如果不是专精于其中某一项，就会变成兼而有之的全能“专家”了。唠叨就像麻醉药，你学不来，也改不掉，它是在习惯中养成的。女孩子在20岁当新娘的时候，如果只知道常常唠叨，而不知什么时候才能住进像邻居那么好的新房子，那么等她到了40岁的时候，她一定会变成一个无可救药的、对任何事情都难以满足的、毫不可爱的抱怨专家了。

弗吉尼亚大学教授沙姆·W.史蒂文博士在最近的一次演讲中，呼吁美国的丈夫们应该享有四种新自由：免于被唠叨和挑剔的自由，免于被呼喊指使的自由，免于消化不良的自由，以及在一天的繁忙工作之后换上旧衣服放松放松的自由。

为什么女人要对她们的丈夫唠叨不停呢？理由还真不少。有时候，唠叨是一种身体不舒服的症状。经常找医生做定期的健康检查，可以使我们身体健康，这就像定期检查汽车，使它们能够保持良好的驾驶性能那样。

长期的疲乏，常常会转变成一种喜爱唠叨的倾向。最好的治疗方法是，把你个人的生活安排得更有效率，找出造成疲乏的原因，并且消除它。"受到压抑和打击，"心理学家分析说，"常常会造成唠叨。"婚姻问题、性的挫折、爱的失落，以及内心对生活的不满，这些都是人生中沉重的打击，女人常常会以唠叨、埋怨或诉苦的方式发泄出来。分析一个人的心理，找出这些挫折，并且引导它们使之发泄出来，这就是消除它的最好方法。而用唠叨的方式来发泄不满，只不过是在火上浇油。

有不少的事例都说明了唠叨不休对婚姻的破坏作用。《电信世界》中曾经有一篇文章报道了这样一件看起来很离奇的事情：一个已经50岁的维修员一连雇用了3名杀手，最后终于杀死了他的妻子，其原因竟然是他忍受不了妻子的唠叨。据这位丈夫说，他的妻子总是能够围绕一件不起眼的小事说上三天三夜，这都快要把他逼疯了。事实上，从他做出的这件事情来看，他已经疯了。

一名32岁的坦桑尼亚男子曾经用一瓶驱虫剂过早地结束了自己的生命。人们在他的尸体旁发现了一个药瓶和一封信，他在那封信里写道：我决定立即结束我的生命，因为我的妻子总是喋喋不休。

我无意把婚姻生活不美满的原因全部归结到女人们的唠叨上——实际上，在所有这样的事情当中，另一个人同样也可能犯很严重的错误——我想说明的只是，如果你确实意识到自己喜欢唠叨不休，并且这种唠叨正在破坏你的婚姻生活，那么，你应该毫不迟疑地结束它。

控制情绪，而不是让情绪控制你：

（1）不可能只有一种方法能使对方听从你，唠叨不应当是你的首选。

（2）尽量只把话说一遍——如果确实很重要的话，不要超过3遍——然后忘了它。

（3）用理智来控制你的情绪，不要随意爆发你的感情。每个人都受不了这样的处理方式。

技巧八：谈心，是夫妻间的每日必修课

卡耐基的忠告： 爱情往往就毁于日常中的琐碎小事上。

婚姻就是一串琐事，忽视这一事实，将造成家庭生活的灾难。在伦诺，法庭每星期有6天要审理批准离婚的案件，几乎每10分钟一宗。你认为那些婚姻有多少是在真正的礁石上撞破的？极少，我可担保。如果你能终日坐在那里听那些不快乐的夫妻们的陈述，就知道爱情往往就毁于日常中的琐碎小事上，而这一切都源于夫妻间没有及时的交流沟通。

加拿大安大略的杰克·杜蒙先生曾经给我寄了一封信，对我说了一些他对婚姻生活的感悟。他在信中说道：

“我好不容易娶了一位理想中的妻子，她聪明、美丽，而且温柔，可以说是完美女人的化身。结婚之后，为了使我们的家庭更加幸福，我开始把几乎全部的精力放在了我的工作上，所以事实上把维持婚姻和家庭幸福的任务全部交给了我的妻子。”

但是他接下来讲述道：“一开始，我并没有觉得有什么不妥，只是开始感到我的家庭生活并不像想象中那么幸福。妻子常常跟我吵架，但是用不了几个小时，我们就会和好。对这样的事情，我并没有放在心上。但是一天，我的刚满4岁的儿子突然对我说‘爸爸，你不喜欢妈妈吗？我觉得她很好啊’。他那么说好像我是一个大坏蛋似的。他的话让我突然体会到‘妈妈’这个词的分量，然后我也体会到她作为‘妻子’的分量。我当然是很爱我的妻子的。她一直默默无闻地为我们这个家做着很多事情，而我却没有任何表示。”

“每天回家之后，我吃着她精心做的可口的晚餐，把一天的疲倦都驱散掉；第二天又穿着她洗烫的衣服，精神抖擞地去上班。我觉得这一切都是应该的，一切都很自然。可能在我妻子的心里，在某些时候，也会有和我儿子一样的想法‘难道杰克不再爱我了吗？难道我做错了什么吗’。她会产生这些想法，都是我的过错。我虽然是爱她的，但是我却不能原谅自己。在过去的5年里，她从没有体会到什么是幸福的家庭生活。

“于是我找了一个合适的机会，邀请我的妻子参加只有我们俩的约会，并且跟她谈了一次心。我非常郑重地告诉她，我很爱她，就像以前一样，但是我在之前却做了许多傻事，并请求她的原谅。我的妻子原谅了我，她也把自己的一些想法告诉了我。她的想法原来跟我料想的一样，她的确存在过我不再爱她的疑虑。她对我说，作为一个妻子，她却不能完全了解和信任她的丈夫，这使她十分愧疚。

“那次谈话之后，我们的婚姻生活发生了明显的变化，我的妻子显得比以前快乐多了。因此，以后我又经常找时间跟我的妻子谈心，每个星期至少一次。谈心确实使我们的婚姻保持了活力，我们现在跟刚结婚的时候是一样的。”

结婚并不只是意味着相互交换戒指，而是要让对方知道，你是多么愿意跟他（她）生活在一起。许多步入家庭生活的男男女女都感到疑惑：为什么婚前那么热烈的两个人，在婚后却显得那么陌生，或者只是像一对朋友一样，完全不再有情爱的表示。当他们完成结婚的仪式之后，他们甚至不再有正式的交谈。也正因为此，他们加剧了婚姻之花的凋谢。

当他们对某件事情的意见发生分歧的时候，他们经常会把它藏在心里，躲在角落里生闷气，抱怨怎么遇到了这样一个不好相处的配偶，他们不大喜欢或者不好意思把自己的心里话说出来。结果如何？很多婚姻的破裂，正是那些琐碎的小事导致的，而不是那些触礁般的大事件。这正是因为没有沟通的缘故。想想看，如果你能够适时地把自己内心的想法跟对方说出来，难道还会有什么不可解决的问题吗？

因此，婚姻专家给我们的建议是：与你的配偶谈心。“他不爱我”“她一点儿都不理解我”，这样的话我们几乎天天都可以听到。问题在哪里呢？难道真的是对方变心了吗？难道对方真的那么不负责任——在结婚的时候，对一个以后一辈子都要生活在一起的人轻易地就进行了幸福的许诺吗？

事实当然不是这么简单。我并不打算否认存在这方面的原因，但是我仍然相信主要原因不在这里。既然两个人能够结婚，那么就应该不存在不可以解决的矛盾和冲突。问题的关键在于他们缺少沟通。

相对来说，大部分的男人更会存在这方面的问题，他们都像杜蒙先生一样。他们向人们解释说：“我每天花10个小时上班，每天筋疲力尽，什么都不想说，什么都不想做。至于家庭的事情，就交给我的妻子来处理好了。”

有关的调查统计显示，结婚后的男人每天对妻子说的话一般不会超过二千个单词。相对于男人平均每天说一万五千个单词来说，这个数字低得让男人们难以置信，但是相信女人们应该不会感到惊讶。男人的话对顾客、上司、下属和朋友们都讲完了，回到家里好像就无话可讲了。

如果这种行为可以原谅的话，那么下面的这一种行为就不可以原谅了。当他明明知道自己可能被妻子误解为“不爱我了”或者“有外遇”的时候，他依旧缄口不语。他并没有想到要解释什么，好像也没有想到这种猜测可能导致的后果。

让我们来想象一下没有进行及时和足够沟通的婚姻破灭的轨迹：忙碌于工作的男人认为自己最大的责任是为家庭提供足够的物质保障，因此没有时间和精力给予妻子感情上、肉体上的慰藉，而此时的女人则需要得到这些。当她不能被满足时，常常会感到自己很寂寞、被忽视、被欺骗了，于是她开始抱怨，并且开始进行种种无理的猜测。这导致了夫妻关系的疏远。

男人仍旧没有注意到这一点。一开始，女人会耐心地去试图理解、吸引、引导他，但当女人打算主动跟他谈心的时候，男人却一点儿都不重视。于是，这种难以忍受的、如同寡居的生活使女人越来越容易怀疑和猜测。

女人想要挽救似乎要破裂的婚姻。于是她产生了一种焦虑的感觉，并且为此而苦恼。她开始找机会刺激他，使他尴尬、发怒，这更加加深了女人的焦虑。就在这时候，发生了一件小事，他们发生了争执，女人开始借题发挥，而男人本性难移，依然忽视这种矛盾。男人认为女人是在无理取闹，一点儿都不理解自己的辛苦，认为她生性尖刻、泼辣，也许他们本来就不适合在一起。女人认为男人既然这么不重视她，于是就提出了离婚。

毫无疑问，这样的发展轨迹符合大多数情况。多么可怕！而这一切的原因仅仅是没有进行及时、有效的沟通。既然我们都认识到了问题的存在，那么就从现在开始改变！

沟通，是维系夫妻感情的妙方：

（1）保证足够地、及时地沟通，使你们彼此清楚心里的真实想法，这样会保证你们的婚姻幸福不衰。

（2）当你说出你的想法的时候，不要让对方误解你是在开玩笑。

（3）当你感到对方误解自己的时候，不要愚蠢地窝在心里——把它讲出来。

技巧九：性沟通，让婚姻更和谐

卡耐基的忠告： 性生活的和谐是巩固和加强夫妻间感情的一个最有效的途径。

对于那些希望从婚姻中找到幸福的夫妻来说，没有性生活是非常可怕而且危险的。因为，性生活的和谐是巩固和加强夫妻间感情的一个最有效的途径。美国洛杉矶家庭关系研究中心的保罗·巴比诺博士通过对上千对夫妇的婚姻状况进行研究，发现普通的美国成年人的性生活质量不容乐观，而英国有关的测试资料显示，性冷淡的问题每天都在困扰数百万对英国夫妇。据称，全球有40%的女性的丈夫曾经性冷淡，这些女性忍受着心理和生理上的煎熬，这直接导致了他们婚姻生活的不和谐。

由此可见，性生活不和谐已经成为全球性的重大问题。著名的心理学家约翰·华森曾经说："性生活应该是婚姻生活中最重要的事情，而且性生活不和谐被认为是导致婚姻失败的最直接和最重要的原因。"很自然地，人们不禁要问，究竟是什么原因使人类失去了本来应该享有的欢乐？

性临床学家对此进行了深入而细致的研究。他们发现，99%的性生活不协调并不是由于生理因素造成的，而是因为绝大部分的夫妻达成了像下面这样的共识：不必与对方谈性，因为每个人都懂；对方知道怎么满足自己；为了使对方不至于难堪，同意对方的任何意见，等等。基于以上原因，尽管性生活的意义极其重大，但是夫妻聚在一起的时候，他们往往更加愿意谈应该怎样布置客厅、厨房里应该刷什么样的漆，对这个话题却缄口不谈。当他们想要进行性生活的时候，常常不会充分、直接地表达自己的思想、情感和需要。

下面的故事也许就发生在你身边，仔细地研读它，你会发现问题的所在。

晚上8点钟的时候，妻子一边打着呵欠走向床头，一边对丈夫说："睡觉吧，亲爱的！"那位正在看球赛电视直播的丈夫回头看了她一眼，又看了一下时钟，然后不解地对妻子说："这么早就睡觉？"妻子回答道："是的，我感觉有点累了，你不累吗？"丈夫回答："我看完球赛就睡，你先睡吧！"

不知道你是否觉得这个故事太过平常，抑或者觉得这个故事似曾相识。的确，虽然可能换了角色、换了时间和地点，甚至换了表达方式，但是却都是你经历过的：你的配偶在向你发出一种委婉的性邀请，而有时候，你却会觉得她的行为有点不可理解。这就是夫妻间的性沟通的不善所导致的问题，并很有可能成为夫妻生活的一个安全隐患。

问题出在哪里？当你向你的妻子要求换一种体位的时候，你总是需要费很大的劲儿才能让她同意这么做，或者她干脆就拒绝了。于是你会埋怨你的妻子一点儿都不爱你。但是，你把你的想法明白无误地告诉她了吗？你告诉过她这是为了你们两人的幸福吗，还是你只是轻描淡写地表达了你的想法？

不错，正如性学专家告诉人们的那样，性生活的不协调基本上都是因为在沟通上出现了问题。为了解决这个问题，我建议你遵照以下一些方法。

第一，树立积极的心态

我在前面也曾强调过积极心态的重要性，这确实非常重要。树立正确的性观念，不要对它失去兴趣。要像讨论大多数日常事物一样讨论你们的性生活，以积极的心态追求更高层次的幸福。永远不要觉得性生活索然无味，那只是因为你们没有努力而已。

不要让工作把自己累得倒下，留足够的时间给自己享受性生活的乐趣；不要让一切日常的琐事影响你的情趣，将你十分的热情投入到性生活中去；

不要敷衍了事，认真对待每一次性生活。如果出现了问题，千万不要顺其自然，应该积极地想办法解决，不要用“蜜月期已经过去了”作为借口而拒绝采取行动。

第二，弄清楚对方的想法

当你心中有了疑惑的时候，为了避免误会的发生，你必须利用恰当的时机，彻底了解你的伴侣的想法、感受和需要。

比如，当你的妻子拒绝与你做爱的时候，你需要弄清楚她为什么会拒绝你。

“你折腾了一番之后，就呼呼大睡，留下我眼睁睁地躺在那里。”“既然你每次都草草了事，为什么还要那么频繁地做爱呢？”她会用这样的理由告诉你。你的伴侣之所以拒绝你，可能存在一些恐惧。你要了解这些恐惧，然后想办法消除它们。你可能觉得这样做有些麻烦，但是从长远看，这样做很明显是“磨刀不误砍柴工”，是值得的。

你需要认识到的是，当你想要了解你的伴侣的想法的时候，对方会有一种被重视的感觉。当你能够满足对方的要求的时候，对方才会心甘情愿甚至主动地考虑你的需要。只有了解对方的喜好，才有可能把自己的喜好跟对方的联系起来，才能达到一种完满的状态。

积极倾听对方的想法。不要让对方认为你只是在敷衍，通过一系列的动作或语言来表明你确实对对方所说的东西很重视。这样做的目的都是为了你们幸福生活的和谐美满，请相信我，这种做法是非常有必要的。

第三，感谢和鼓励对方

当对方给你带来快乐的时候，通过语言或行动对你的伴侣表示感谢。不要吝于表达自己的感激之情，这并不是什么肉麻的东西。

感谢能够使你的伴侣感到自己有多么重要，并且能满足对方的荣誉感。告诉你的丈夫“你真强壮”或你的妻子“你真温柔”，对方会更加愿意跟你做爱。

当你的伴侣担心自己不能很好地配合你，或者不敢尝试新的动作的时候，你应该鼓励对方，告诉对方他（她）一定会成功的，你对他（她）充满了信心。

第四，大胆表露自己的想法

你有什么想法就说出来，不要窝在心里，这样不仅使你非常难受，而且在对方看来也非常难受。把你的想法和要求说出来，这并不是什么难为情的事情。只有把你真实的想法说出来，对方才能去满足你的要求。

在诉说的时候，尽量使用“我……”的句式，这样听起来会让对方感到你能对自己的想法和要求负责任，会使你的伴侣觉得很有安全感。

通过十分清楚的话语表达自己的观点，并且尽量使它具体。不要说“我希望你对我更加温柔”，而要说“我喜欢你在我下班的时候，伸出双手拥抱我”。尽量真诚地表达自己的想法，尽量不要提那些不可能的要求。

第五，掌握正确的性知识

为了保持你们婚姻生活的幸福美满，你需要更多地了解生理知识，做一个更加称职的性伴侣。科学正确地利用生理知识对你会有很大的帮助，这些知识将成为你行动的指南。

逃避问题，不能解决问题：

（1）性生活和谐是婚姻成功的基础，而只有与你的性伴侣进行恰当的沟通，才会赢得性生活的和谐。

（2）性生活失败的大部分原因并不是生理方面的问题，因此，不要为自己寻找借口。

（3）针对你们性生活中存在的难题，有重点地进行解决。

技巧十：为幸福生活制造快乐

卡耐基的忠告：当我们处在气愤的情绪中时，我们不会注意到自己有什么过错，而只会把和解的途径建立在对方的改变之上。

生活不会总是一帆风顺的，我们也没有必要总把自己限制在那些消极悲观的情绪中。要知道，人人都有趋向快乐的本能。如果你违背了这种本能，那么你将失去幸福。

在公园里，两个小孩子正在一起玩耍。突然，其中一个小孩因为对方没有给他机会荡秋千大叫了起来："我讨厌你！我再也不会跟你玩了！"他一边说一边果然就跑开了。但是过了一会儿之后，他们就又凑在一起玩起堆沙丘的游戏来了，好像什么事情都没有发生过一样。

难道他们很健忘吗？刚刚还是死敌一样的两个人转眼间就和好如初，变得如此亲密了。在我们成人看来这似乎是一件不可思议的事情。但是孩子们的这种天性正展示了我们人性最为纯真的一面，他们之所以做到这一点，道理其实很简单，他们认为快乐比一切都重要。

在追求快乐和幸福的问题上，小孩子好像比我们更加擅长。我们成人似乎更加愿意用正确与否来作为参考，快乐和幸福已经退居其次了。我们似乎忘记了我们建立家庭就是为了得到幸福，而不是分出谁对谁错。几乎每天，你和你的妻子或丈夫都会为某一个重要或不甚重要的问题而争论，都会因为一时的冲动而说错话，从而把辛辛苦苦营造的和谐气氛破坏掉。我们遗憾地发现，再好的婚姻也会有摩擦，这似乎是不可避免的。

因此，当你在与妻子或丈夫讨论问题的时候，请随时注意你们的谈话气氛。

我的一个朋友莎丽在跟我谈起这个话题的时候深有感触。像大多数妻子一样，她每天都要对布鲁克林说一些类似的话：

“你系的这条领带真是糟糕透了。我给你买的那条呢？”“你今天又回来得很晚，是不是公司有什么事？”

布鲁克林对这些话的反应在不同的时候会截然不同。当他心情很好的时候，他会非常高兴地接受莎丽话里的一些正确的东西，而并不在意她表现出的不满。莎丽总是埋怨布鲁克林回家太晚，可是布鲁克林却总能想办法使他的妻子的烦恼一扫而空。这种气氛当然是最好的，随便她说什么，布鲁克林都不会生气。

但是当他心情不好的时候，情况将会变得十分糟糕。他会对莎丽大吼道：“我就是喜欢这条领带！”或者强压住内心的愤怒，一言不发地倒在床上。这时候，无论她说什么，他的态度都会十分蛮横，甚至避免谈任何事情。

这种现象在我们每个人身上都会发生。心理学家告诉我们，当我们处在气愤的情绪中时，我们不会注意到自己有什么过错，而只会把和解的途径建立在对方的改变之上。我们不会再心平气和地倾听对方的谈话，主动解决问题的动力也会减少。这样，即使让两个人待在一个房间里都是很困难的，所有问题都得不到解决，甚至会越闹越大。

也许你认为这种情况很正常，心情不好的时候当然听不进对方的话。但是通过奥古斯丁和玛丽的婚姻也许可以给我们一定的启示。

玛丽希望奥古斯丁每天能够多花点儿时间在家，可是她不知道该怎么和奥古斯丁说，因为他赚的钱比玛丽多了许多倍，并且她也知道，他很爱这个家庭，他的工作确实很忙，几乎抽不出什么时间。

虽然玛丽没有把这个要求提出来，但是她却希望奥古斯丁自己能够意识到这一点。而奥古斯丁根本就没有时间和精力来考虑这些事情。因此，他们的关系变得越来越糟糕。他们俩很难看到对方的一张笑脸，甚至不能坐下来好好谈谈，因为只要一坐下来，气氛就好像会立刻凝固起来。他们之间的冷漠气氛一直持续了5年，以他们的离婚而告终。

看起来不可思议，是吗？他们完全能够解决这个问题的，何至于搞得婚姻破裂？玛丽本来可以建议把家庭开支缩减，这样就可以免去奥古斯丁一些工作上的压力，从而使他有更多的时间待在家里。但是她却没有这么做。

任何问题都不是没有解决的方法，问题就在于你是否想要积极地去解决。每个人都有营造快乐的本能，如果你没有认识到这一点，那么你们的婚姻就迟早走到这一步。虽然婚姻出现问题的原因并不那么简单，但是气氛是一个重要的因素。那样压抑的气氛使两个人都难以启齿，也是这样的气氛使得两个人都无法忍受，所以他们不得不使婚姻以失败而告终。

家庭中的气氛确实不容小觑。因此，尽量不要做那些会让气氛变得糟糕的事情。当你发现气氛不那么融洽的时候，你不妨先平静下来，想一想对方应该有对的地方，或者换一种方法去说服她。千万不要让对方认为你好像跟她有不可调和的矛盾一样，这样会让她更加坚持自己的观点，而不是让步。

那么，为了我们的家庭幸福生活做些什么吧！让气氛好起来。我的一个朋友非常善于处理这样的问题。

一次，他和妻子为究竟是买吉普车还是小型货车而发生了分歧。他认为，买吉普车的话，周末度假将会变得更加容易，但是妻子却认为小型货车更加实惠。正当他们好像要破坏一直以来的和谐气氛的时候，他伸出了他的舌头，模仿起了他们才5岁的儿子。妻子看到这种情景，不禁哑然失笑。紧张的气氛于是缓解了下来。接着，他心平气和地跟妻子解释为什么吉普车更加适合他们，而妻子最终也同意了他的意见。

除了制造幽默的方法来缓和这种紧张的家庭气氛外，还有另外一种很好的办法——紧急叫停。当你发现事情已经朝着自己不可控制的方向发展的时候，应该及时地停止你们的争论。不要让你们不愉快的谈话继续下去，它会像恶魔般伤害你们之间的感情。

如果你们的确已经把气氛弄得很糟糕了，那么想办法进行挽救。你可以采用各种各样的方式，关键是你打算怎么去做。

我和我的妻子之间经常会产生摩擦，但是我们绝不让这种不愉快的气氛超过两个小时。在这种情况下，我通常会对我的妻子说："请原谅，我刚才做的实在是太愚蠢了，我的压力可能太大了。让我们和好如初吧！"然后给她一个热情的吻。而她也会说："都是我不好，就让我们忘了它吧！"这样，我们的气氛就会再度好起来。

在所有家庭中，最常见的也是很愚蠢的一个做法是大家都执行"冷战政策"。是的，这是非常愚蠢的做法，我不知道这种做法除了伤害对方，加速婚姻走向失败以外还有什么积极的意义。要知道，这个时候的家庭气氛是尴尬的。表面上，他们似乎想让时间来医治创伤，其实，这只是他们懒惰和不负责任的表现。你不可能依靠时间或其他类似的方式来维持、修复和增进感情，除了你们主动做点什么。

爱情，要靠两个人来经营：

（1）当你要发表意见的时候，考虑当时的谈话气氛。

（2）不要使气氛变得糟糕，如果气氛变得糟糕的时候，想办法让它好起来。

（3）承认自己的错误可以帮助你说服他人，因为这会使他以你为榜样。

（4）不要固执地认为你的看法就一定是对的，主动让步会更有说服效果。